Volkswirtschaftliche und wirtschaftsgeschichtliche Abhandlungen

herausgegeben von

Wilhelm Stieda

o. ö. Professor der Nationalökonomie in Leipzig

III. Folge Heft 12

Die Frauenarbeit in der Spinnereiindustrie Sachsens

Von

Dr. Johannes Queck

Leipzig

Verlag von Veit & Comp.

1915

Volkswirtschaftliche und wirtschaftsgeschichtliche Abhandlungen

herausgegeben von

Wilhelm Stieda

o. ö. Professor der Nationalökonomie in Leipzig

III. Folge Heft 12

Die Frauenarbeit in der Spinnereiindustrie Sachsens

Von

Dr. Johannes Queck

Leipzig
Verlag von Veit & Comp.
1915

Druck von Metzger & Wittig in Leipzig.

MEINEM VATER.

Vorwort.

Die Arbeit verfolgt den Zweck, in einem entwicklungsgeschichtlich-statistischen Teil den Anteil und die gesamte Entwicklung der weiblichen Fabrikarbeit in der Spinnereiindustrie Sachsens seit dem Übergang zum fabrikmäßigen Betrieb darzustellen. Das zu verarbeitende Material wurde u. a. durch archivalische Forschungen im Königlichen Hauptstaatsarchiv zu Dresden gefunden. Es kommen die Akten der Landes-Ökonomie-, Manufaktur- und Kommerzien-Deputation in Betracht. (Die Verfassung der Kommerzien-Deputation datiert vom Jahre 1764, nachdem der Siebenjährige Krieg das 1704 gegründete Kommerzien-Kollegium unterbrochen hatte.) Weiteres Material lieferten vor allen Dingen die Mitteilungen und die Zeitschrift des Kgl. Sächsischen Statistischen Landesamtes und die Statistischen Jahrbücher des Königreichs Sachsen, sowie ältere Werke von Bein, Wieck, Gebauer usw.

Im zweiten, sozialpolitischen Teil der Arbeit sollen die Arbeitsbedingungen beleuchtet werden, unter denen die Arbeiterinnen in den Spinnereien tätig sind. Das Material wurde zum größten Teil durch persönliches Befragen und durch Besichtigung vieler Spinnereien in verschiedenen Gegenden Sachsens gesammelt. Auch an dieser Stelle sei den betreffenden Fabrikanten und Direktoren für ihr liebenswürdiges Entgegenkommen der herzlichste Dank ausgesprochen. Wenn einige Fragen nicht völlig erschöpfend behandelt werden konnten, so liegt dies lediglich an den in Betracht kommenden Organen (Berufsgenossenschaften, Gewerkschaften, Fabrikdirektoren), die das Material verweigerten oder sich sonst zurückhaltend zeigten.

Es ist mir noch eine angenehme Pflicht, Herrn Geh. Hofrat Professor Dr. Stieda und Herrn Privatdozent Dr. Gerlach für ihre liebenswürdige Unterstützung und Förderung dieser Arbeit meinen besonderen Dank auszusprechen.

Der Verfasser.

Inhalt.

I. Entwicklungsgeschichtlich-statistischer Teil.

So sicher es ist, daß das Textilgewerbe eng mit der Geschichte der Menschheit verknüpft ist, so gewiß ist es auch, daß von jeher die Frau eine bedeutende, ja eine führende Stellung im Textilgewerbe einnahm. Das Textilgewerbe ist in seinen Anfängen auf die Familie beschränkt und daher „Hausfleiß" gewesen. Bis zum 19. Jahrhundert wurde das Spinnen und Weben vielfach vom weiblichen Teil der Bevölkerung in der Familie ausgeübt.[1] Spinnen und Weben galt für eine der höchsten Tugenden der Frauen. „Sie war fromm und spann", heißt es häufig auf alten Grabsteinen oder in Geschlechtsurkunden. „Die Männer sollen streiten, die Frauen sollen spinnen", mahnte der christliche Volksredner Berthold von Regensburg.[2]

Wie in anderen Gegenden Deutschlands der fabrikmäßige Betrieb seit dem Aufkommen der Maschinen am Anfang und in der Mitte des vorigen Jahrhunderts seinen Siegeszug mehr und mehr vollendete, so trifft dies für Sachsen im allgemeinen ebenfalls zu, wenn sich auch, namentlich in der Strickerei und Wirkerei, die Hausindustrie bis heute gehalten hat. Das Handwerk, das sich neben dem hausgewerblichen Betriebe frühzeitig als Fachgewerbe ausgebildet hatte, konnte der Fabrik mit seiner technischen Vollkommenheit und seiner Leistungsfähigkeit nicht lange Konkurrenz machen und kämpfte bis in die 50er Jahre des vorigen Jahrhunderts einen verzweifelten Todeskampf. Man kann nicht gut die Hausindustrie als Weiterentwicklung des Handwerks, als ein Mittelding zwischen Handwerk und Fabrik ansprechen, wenn auch manchmal die Hausindustrie auf das Handwerk in Form des Verlagssystems gefolgt ist; hat doch die Hausindustrie immer neben dem Handwerk und schon früher bestanden. Bei der Fabrik kann man eher von einem Handwerk im Großen sprechen, das aber nicht mehr zünftig ist und, gerade in der Textilindustrie, jetzt auch sehr viele Frauen beschäftigt. Auch sehen wir, wie die Frau am Anfang des vorigen Jahrhunderts, im Beginn des Maschinenbetriebes, oft an die Stelle des Mannes tritt, der nicht in die Fabrik oder in das Verlagssystem als Lohnarbeiter eintreten will und sich lieber einen angenehmeren Beruf sucht.

---

[1] Oppel, Die deutsche Textilindustrie. Leipzig 1912. S. 4.
[2] Angeführt bei Lily Braun, Die Frauenfrage. Leipzig 1901. S. 37.

Das endgültige Aufkommen der Großbetriebe fällt ungefähr mit der Einführung der Gewerbefreiheit zusammen — sicher kein bloßer Zufall. Dabei ist natürlich die Gewerbefreiheit das Sekundäre: erst Ansätze zum Großbetrieb, dann Gewerbefreiheit, dann weiter eine glänzende Entwicklung der Großbetriebe. Dies lehrt uns auch die Textilindustrie. Die Baumwollspinnmaschinen, die seit Anfang des vorigen Jahrhunderts das Feld eroberten, führen notgedrungen zum Großbetrieb und fordern die Gewerbefreiheit. In dem Maße, als die Konkurrenz und damit kaufmännische Gesichtspunkte das Gewerbe ergreifen, weicht das alte Gewerberecht der Gewerbefreiheit und vollzieht sich jener Umschwung der Produktion, welcher zur Maschine und zum Großbetriebe führt.[1] Die Unternehmer der Großbetriebe verstanden die Zeichen der Zeit, schafften sich Maschinen an und bildeten die Fabrik- und Verlagssysteme aus, die, wie oben erwähnt, der Entwicklung der Frauenarbeit günstig waren, während das Handwerk sich als solches der Frauenarbeit im allgemeinen feindlich gegenüberstellte.

Schneller und plötzlicher als in den anderen Textilgewerbezweigen hat sich in der Spinnerei der Übergang vom Spinnrad zur Maschinenspinnerei vollzogen, und damit auch — wieder anders als in den übrigen Textilgewerbezweigen — der Übergang von der Hausindustrie und dem Kleinbetrieb zum fabrikmäßigen Betrieb; denn fast gleich zu Anfang der Erfindung der Spinnmaschine in England in den 70er Jahren des 18. Jahrhunderts erfolgte dort der Betrieb meist durch Wasserkraft. Man vergleiche den Ausdruck „Watermaschinen". Alte Mühlen formten ihren Betrieb um und stellten Spinnmaschinen auf. Auch die Mule-Maschine wurde 1790 in Schottland schon durch Wasserkraft getrieben, und als dann auch noch die Selfaktormaschine erfunden war und die Dampfkraft dem Betrieb zu Hilfe kam, war weiter ein großer Schritt in der Entwicklung zum Fabrikbetrieb in der Spinnerei getan. Schon um die Wende des 18. zum 19. Jahrhundert war der Übergang zum mechanischen Betrieb mächtig im Gange. Baumwolle wurde damals nur noch wenig mit der Hand gesponnen. In allen Abteilungen der Spinnerei finden wir, daß das Spinnrad vollständig von der Maschine verdrängt worden ist und das Hausgewerbe fast völlig aufgehört hat. Ende des 18. und Anfang des 19. Jahrhunderts waren im Erzgebirge und Vogtland in der Baumwollspinnerei 14—18000 Menschen tätig, die zum kleinsten Teil noch Handspinner im eigentlichen Sinne des Wortes waren. Im Jahre 1875 waren nach der Gewerbezählung in der Baumwollspinnerei in 161 Kleinbetrieben, also zum Teil Handspinnerei, nur 270 Personen beschäftigt (162 männliche, 108 weibliche Personen); dagegen in 92 Großbetrieben 3070 männliche und 4507 weibliche Arbeiter. 1882 waren in der gesamten sächsischen Spinnerei 29227 Personen tätig, davon nur 383 in der Hausindustrie, eine kaum beachtenswerte Zahl,

[1] v. Schulze-Gävernitz, Der Großbetrieb ein wirtschaftlicher und sozialer Fortschritt. Leipzig 1892. S. 32.

wenn man sie mit der Weberei (96749 Personen, davon 56328 in der Hausindustrie), der Wirkerei und Strickerei (45321 Personen, davon 30513 in der Hausindustrie) usw. vergleicht. 1830 gab es 84 Baumwollspinnereien in Sachsen — um solche handelt es sich überhaupt nur um die vorige Jahrhundertwende —, 1848: 133 und 1861: 153. Wenn von diesem Zeitpunkt an die Zahl der Spinnereien gesunken ist, so liegt dies nur daran, daß viele Spinnereien zu klein und technisch mangelhaft waren und deshalb zugunsten des Großbetriebes eingingen. Aus alledem erhellt also deutlich, daß der fabrikmäßige Großbetrieb in der Spinnerei seit langem herrschend ist. Wie daran die Frauenarbeit beteiligt ist und welche Wandlungen sie durchgemacht hat, werden wir aus der Geschichte der einzelnen Abteilungen der Spinnerei erkennen.

Die Baumwollspinnerei.

Das Aufkommen der Maschinenspinnerei in Sachsen datiert ungefähr vom Jahre 1790. Um diese Zeit wurden die größten Anstrengungen gemacht, Spinnmaschinen zu erfinden, um nicht von der englischen Konkurrenz erdrückt zu werden. Bis dahin hatte das Spinnrad geherrscht. Lange Zeit hatte es diese Herrschaft ausgeübt, denn schon um 1560 wurde in Sachsen Baumwolle gesponnen. Die ursprünglichen Hauptgebiete waren das Vogtland mit Plauen als Mittelpunkt und die Gegend von Chemnitz. Die Landes-Kommerziendeputation nimmt an, daß im Umkreis von 4 Meilen um Chemnitz lauter Baumwolle gesponnen worden sei. Wenn aber, wie es zum Teil geschieht, behauptet wird, die Einführung der Maschinen habe langsam nur die Beschäftigung einiger alter Frauen verdrängt, da Baumwolle um diese Zeit (um 1800) wenig mit der Hand gesponnen wurde, so ist dies nur bedingt richtig; denn wenn auch die Einführung von englischem baumwollenen Maschinengarn und die zunehmende Seltenheit der westindischen Baumwolle das Spinnen der Häusler und Hausgenossen stark beeinträchtigte — man hoffte, diese dadurch der Landwirtschaft zurückzugewinnen —, so war doch die Zahl der Handspinner noch ziemlich groß. Nahm doch die Kommerziendeputation an, daß 1797 im Umkreis von Chemnitz 15000 arbeitsfähige Menschen die Handspinnerei betrieben, eine allerdings sicher zu hoch gegriffene Zahl. In den Meßrelationen vom Jahre 1791[1] heißt es, daß in Mittweida die Zahl der gangbaren Maschinen über 30 betrage, die noch weiter zunähme, ohne daß aber der Handspinnerei Abbruch getan werde. Auch Bodemer[2] erwähnt, daß 1807 im Erzgebirge und Vogtland über 50000[3] Menschen mit Spinnen von baumwollenem Garn beschäftigt waren, die Handspinnerei betrieben. Im Vogtland

[1] Hauptstaatsarchiv Dresden, Loc. 11126.
[2] Bodemer, Die industrielle Revolution mit besonderer Berücksichtigung auf die erzgebirgischen Erwerbsverhältnisse. Dresden 1856. S. 15.
[3] Wahrscheinlich ist diese Zahl zu hoch gegriffen.

gab es weit über 1000 Handspinner und -spinnerinnen um 1813; wir können annehmen, daß kurz vor Einführung des englischen Maschinengespinstes gegen 30000 Menschen ihr Brot durch die Handspinnerei in Sachsen fanden. Die Handspinnerei wurde dann auf die gröbsten Nummern zurückgedrängt, scheint aber auch später noch einmal etwas zur Blüte gelangt zu sein, und zwar zur Zeit der Kontinentalsperre. Bis 1813 hatten allein in acht vogtländischen Dörfern 1111 Menschen und 66 Häuser die Handspinnerei als Hauptberuf betrieben. Jetzt allerdings war endgültig das Ende der Handspinnerei gekommen.[1]

Die Baumwollspinnerei als Handspinnerei war hauptsächlich auf dem Lande verbreitet; im Vogtland, im Erzgebirge usw. war der Bauer mit seiner Familie und seinem Gesinde im Winter, weniger zu anderen Jahreszeiten, mit Spinnen beschäftigt, was auf die pünktliche Abgabe der Steuern usw. einen günstigen Einfluß hatte, wie überhaupt auf den allgemeinen Wohlstand. Und doch kann die Spinnerei in den Städten nicht ganz gefehlt haben. Es heißt u. a., daß die Einführung englischen baumwollenen Maschinengarnes die Landspinnerei in Untätigkeit setze und dem Stadt- und Landvolk seinen besten Nahrungszweig raube. Die Kommerziendeputation berichtet aus den Jahren 1794—1815, daß vorher in den Städten und Dörfern immer mehr Leute angesiedelt wurden, um für die Kaufleute und Verleger zu spinnen. In den Städten wurde vielfach in den Armenanstalten gesponnen, um den Armen ihr Brot verdienen zu lassen. König nimmt an, daß es im Vogtland in den Städten auch berufsmäßige Spinnerinnen gab.[2] Und selbst Familienangehörige der städtischen Weber nahmen an der Garnproduktion teil, wie aus verschiedenen Akten hervorgeht.

Wie war es doch überhaupt mit der Verteilung der Rohbaumwolle an die Spinner beschaffen? Im Vogtland gab der Verleger die Rohbaumwolle dem Spinner; dieser spann gegen Lohn und brachte dann das fertige Gespinst dem Verleger zurück. Im Erzgebirge erhielt der Weber in den Städten die rohe Baumwolle und mußte sie gegen Lohn verspinnen lassen[3]; so konnte es kommen, daß, wie oben erwähnt, die Garnproduktion zum Teil im eigenen Hause des Webers durch die Familienangehörigen vorgehen konnte. Der Spinner blieb also, abgesehen von jenem letzteren Fall, Lohnspinner, der ganz von dem guten Willen der Verleger und Meister abhing. Schon daraus erklärt sich, daß es zu einem Handwerk des Spinnens nicht kommen konnte, da das Spinnen auf eigene Rechnung fehlte. Vielleicht war hieran die überwiegende Frauenarbeit schuld. Man nimmt meist an, daß das Spinnen nur eine Nebenbeschäftigung der Frauen und der Dienstboten usw. auf dem Lande gewesen sei; doch trifft dies nicht so allgemein zu. Wir wissen, daß das Spinnen auch Haupt-

[1] König, Die sächsische Baumwollindustrie am Ende des vorigen Jahrhunderts und während der Kontinentalsperre. Leipzig 1899. S. 83f. u. 299.
[2] König, a. a. O., S. 82.
[3] Ebenda, S. 81.

erwerb war, und zwar wurde es von den Häuslern betrieben. Der Häusler spann mit seiner ganzen Familie. Es sei hier nochmals der Bericht erwähnt, daß vor Einführung der Maschinenspinnerei immer mehr Leute in den Städten und auf den Dörfern angesiedelt wurden, die für die Verleger und Kaufleute spinnen sollten und die Spinnerei teils als Haupterwerb, teils als Nebenberuf, besonders auf dem Lande, betrieben. Der Landmann mußte eben im Sommer anderen Beschäftigungen nachgehen, und so war diese Entwicklung möglich geworden, hauptsächlich verursacht durch den Mangel an Gespinst. Es geht daraus hervor, daß das Spinnen auf dem Rade nicht nur Frauenarbeit war, und daher wurde die Einführung der Maschinen um so härter empfunden; erledigte doch eine Maschine die Arbeit von 2—6 Spinnern. Zunächst waren es noch Handmaschinen, die in Gebrauch kamen, und zwar die Nachahmung der englischen Jenny-Maschine.

Die Spinnmaschinen schalteten die Arbeit der Frau keineswegs aus, im Gegenteil, es scheint so, daß zu den einzelnen Verrichtungen an der Maschine zunächst mehrere Personen verschiedenen Geschlechts tätig waren. Zur Streichmaschine, die die Vorarbeit zur Vorspinnerei erledigte, waren zwei Personen nötig: die eine zum Drehen und die andere zum Auflegen der Baumwolle. Ob dies stets Frauenarbeit gewesen ist, läßt sich schwer feststellen; man möchte meinen, daß es nicht der Fall war, denn die noch zum größten Teil um 1790 bestehende Handkrempelei und das Handstreichen wurde von männlichen Personen ausgeübt. Sicher aber ist, daß zum Auffangen der Locken Mädchen verwendet wurden. Die Locken wurden nun von einer Grobspinnerin auf dem gewöhnlichen Rade in der Stärke eines kleinen Fingers vorgesponnen; dieser Faden kam dann auf die Spinnmaschine, wo er die nötige Feinheit erlangte.[1] Die Spinnerin mußte den Steg oder Wagen auf der Maschine fortschieben; der Gang dieses Steges hing lediglich von der Aufmerksamkeit der Spinnerin ab. Ferner mußte die Spinnerin drehen, um die Maschine in Bewegung zu setzen. Auch die verbesserte Spinnmaschine von Irmscher & Forkel verlangte die Spinnerin. Es wurde eher die Männerarbeit bei diesen Maschinen ausgeschaltet, teils weil die Arbeit nicht zu schwer war, teils weil sie flinke und geschickte Hände erforderte. Wir erfahren, daß eine Spinnerin sogar die Reise nach Dresden mitmacht, wo die neuerbaute Spinnmaschine von Irmscher & Forkel vorgeführt werden soll. Bei dieser Maschine ist zwar das Fortschieben des Steges durch die Hand der Spinnerin durch ein zu diesem Zwecke angebrachtes Triebwerk aufgehoben worden; das Drehen ist aber weiterhin Tätigkeit der Spinnerin. Eine gewisse Unstetigkeit war dabei nie zu vermeiden. Besonders bei der letzten Operation, so heißt es in dem Bericht, wodurch dem Gespinst der Draht gegeben werde, dürfe es nicht auf der Willkür der Spinnerin beruhen, einmal öfter als das andere Mal herumzudrehen. Die Maschinen müßten daher sehr verbessert werden,

[1] Hauptstaatsarchiv Dresden, Loc. 11128.

besonders sei die Einführung der englischen Mule-Jenny zu empfehlen; vor allem müßten der spinnenden Person „Ziel und Maße“ gesetzt und sie selbst zur Maschine umgeschaltet werden — eine leise Andeutung der Nachteile, die die Fabrik trotz manchem Guten und vieler Fortschritte mit sich gebracht hat. Die Spinnerin hatte sich ferner nach dem am unteren Ende der Maschine angebrachten Maßstab zur Bestimmung des Grades der Feinheit zu richten.[1]

Um das Jahr 1800 beginnt die Sturm- und Drangzeit in der Entwicklung der Baumwollspinnerei Sachsens. Es mußte unbedingt Abhilfe gegenüber der englischen Konkurrenz geschaffen werden. Bis 1798 war die Spinnerei (auch die mit Maschinen) Hausindustrie gewesen; jetzt beginnen die Anzeichen einer fabrikmäßigen Großindustrie. Vielfach glückte es einigen Webern, sich durch Geschick und ein gewisses Verständnis für die veränderte Lage zu immer größeren Unternehmern auszubilden, indem sie neue Spinnmaschinen aufstellen konnten und so Fabrikanten wurden. Die erste Fabrik wurde 1799 von dem Kattundrucker Kreissig in Chemnitz errichtet, der 50 Spinnmaschinen bauen ließ. 1799 besaß ferner der Fabrikant Kühn in Chemnitz eine Spinnerei mit 16 Maschinen. Der Meßrelation von 1801 entnehmen wir, daß die Gebrüder Pflugbeil in Chemnitz hinlängst 6 Handspinnmaschinen haben fertigen lassen, deren Zahl 1805 auf 16 gestiegen war. Es wird aber geklagt, daß Arbeiter und Arbeiterinnen als Lohnspinner nur mit Mühe zu haben seien, da sie anderswo mehr verdienten. Über die Beschäftigung der Frauen an diesen Jenny-Maschinen haben wir schon oben berichtet. Zu Michaelis 1800 gab es in der Chemnitzer und Mittweidaer Gegend etwa 2000 Jenny-Maschinen; in ganz Sachsen 2003. Das bedeutet also, daß im Vogtland keine vorhanden waren.

Der Spinnereigroßbetrieb hat nun begonnen und wird noch mehr gefördert durch die Einführung der Water- und Mule-Maschinen, die in England schon 1769 und 1757 erfunden und seit etwa 1790 durch Wasser getrieben wurden. Seit 1799 und 1800 wurden sie auch in Sachsen eingeführt; zuerst in den sog. Spinnmühlen von Bernhard in Harthau an der Würschnitz und von Wöhler in Chemnitz in der Nähe des Schlosses am Wasser. Diese Spinnmühlen, die aus alten Mühlen entstanden waren und zum Teil lange Zeit noch andere Industriezweige, z. B. die Müllerei, mitbetrieben, zeigten also gleich von Anfang an den Charakter des Großbetriebes. Sie machten sich die Erfindung des Maschinenbauers Irmscher zunutze, indem sie das Reißen, Krempeln und Vorspinnen der Baumwolle durch die neuen Maschinen übernehmen ließen. Die englischen Mule-Maschinen erzeugten ein feines Garn, viel feiner, als die geschickteste Spinnerin auf dem Spinnrade. Die Erfindung der Spinnmaschine ermöglichte es auch, daß die Spinnerei sich mehr und mehr vom Produktionsprozeß der Weberei loslöste und in selbständigen Fabriken kapitalistisch betrieben wurde. Der Großbetrieb nimmt nun mächtig zu; 1813 ist

[1] Hauptstaatsarchiv Dresden, Loc. 11126.

die Jenny-Maschine, die meist in der Hausindustrie Verwendung fand, völlig verschwunden. Es gab in der Stadt Chemnitz und im Umkreis von 3 Meilen:

1807	gegen	9000	Jennys
1808	„	6000	„
1809	„	4000	„
1810	„	4000	„

Aber es gab 1814 im

erzgebirgischen	Kreis	63	Orte	mit Baumwollspinnereien
vogtländischen	„	14	„	„ „
Leipziger	„	2	„	„ „

Im erzgebirgischen Kreis wurde die erste Spinnerei 1799 errichtet, im vogtländischen Kreis 1807 und im Leipziger Kreis 1811. Im ganzen gab es 1812: 108 Maschinenspinnereien, worunter allerdings viele Zwergbetriebe waren, so daß bis 1831 wieder viele verschwunden waren. 70,68 % aller Spindeln gingen in 19 Städten; 29,32 % auf dem Lande.

Wie hat nun die Einführung des Großbetriebes auf die Frauenarbeit gewirkt? Im allgemeinen nimmt sowohl bei der Frauen- als auch bei der Männerarbeit die Zahl der arbeitenden Personen, auf eine Maschine berechnet, durch die Mechanisierung stark ab. Auf dem Rade konnten während eines Jahres 100—120 Stück Garn gefertigt werden, wöchentlich also etwa 2 Stück. Ein mittlerer Maschinenspinner dagegen vermochte wöchentlich 36 Stück herzustellen. Es kommt hinzu, daß mit der Verbesserung der Maschinen eine größere Menge gesponnen werden kann, so daß auch dadurch wieder Arbeitspersonal gespart wurde. So erzeugten die Watertwist-Maschinen fast doppelt soviel als die Mule-Maschinen, da bei den Watertwist-Maschinen der Prozeß des Spinnens durch das Zurückschieben des Wagens nicht unterbrochen wurde. Aber letzten Grundes war es nicht die Maschine, die weniger Arbeiter erforderte; die Arbeiterzahl beginnt schon früher mit dem Aufkommen der englischen Konkurrenz abzunehmen, als es in Sachsen noch keine große Industrie in der Spinnerei gab. Das Vogtland ist auch in dieser Entwicklung sehr interessant. Lange Zeit, bis in das 18. Jahrhundert, war es ein Tuchgewerbezentrum gewesen, wie Flandern, Thüringen, Ulm usw., bis sich ein neuer Geschmack des Publikums, eine andere Moderichtung geltend machte und fast die ganze wollspinnende Bevölkerung des Vogtlandes zur Baumwollspinnerei überging; hätte sie es nicht getan, so wären so und so viel tausend Hände einfach brotlos geworden. Ebenso verhält es sich mit der Einführung der Maschinenspinnerei. Es ist töricht gewesen, sich gegen die Maschinenspinnerei zu stemmen. England hatte bis zum Jahre 1798 durch seine Maschinenspinnerei, die ohne viele Menschenhände die Garne wohlfeiler, feiner und in weit größerer Menge lieferte, als es auf Handrädern möglich war, ungeheure Summen aus Sachsen bezogen. Diesen ableitenden Geldkanal, der doppelt nachteilig für Sachsen war, zu verstopfen, und um das baumwollene Gespinst in größerer Menge und wohlfeiler, aber auch von der Güte des englischen zu liefern, wagten einige Chemnitzer Kaufleute am Ende des vorigen Jahrhunderts die Anlage englischer Baumwollspinnereien. Die Vorurteile gegen diese Einrichtung waren groß und wollten nicht verstummen: die Handspinnerei würde dadurch leiden und tausend Hände außer Beschäftigung setzen; man sah jedoch nicht ein, daß diese Folgen auch durch die Einführung englischen Gespinstes entstehen mußten, und daß man durch inländische Maschinen wenigstens den ausländischen Arbeitslohn im Lande erhielt.[1] Im Vogtland war 1801 die Not am größten; die Arbeitgeber ließen keine Waren mehr auf Lager arbeiten, die Arbeiterinnen gingen wieder als Mägde, mit der Nebenbeschäftigung war es vorbei.[2]

Eine große Wohltat war es, daß die Maschinenspinnerei als Großindustrie aufkam, besonders nach der Kontinentalsperre. Dadurch erlangten viele brotlose Spinner wieder Beschäftigung. 1802 bis 1806 gab es im Vogtland nur eine Spinnfabrik, 1813 war die Zahl auf 22 gestiegen. 1810 waren im Vogtland etwa 450 Personen in der Maschinenspinnerei beschäftigt mit einem durchschnittlichen Wochenlohn von je $1^1/_2$—2 Talern. Hatte zwar die Hausindustrie in Sachsen mehr Personen beschäftigt als die aufkommende Maschinenspinnerei als Großindustrie, so hat doch letztere bald so ungeahnte Entwicklungsmöglichkeiten gezeigt, daß dadurch ein weites Arbeitsgebiet für beide Geschlechter geschaffen wurde. Während es in Sachsen 1806 im ganzen nur 272 Spinnereiarbeiter gab (in den Fabriken), waren 1812 allein in Chemnitz 1519 tätig; bis 1814 war ihre Zahl in Sachsen auf 5838 gestiegen.

Wie nun überhaupt durch das Aufkommen der Großindustrie die Arbeitsteilung gefördert wird, so nimmt auch in den Spinnfabriken durch die Arbeitszerlegung die Frauen- und Kinderarbeit erheblich zu. Es ist unbedingt nötig, die Frauen- und Kinderarbeit zunächst gemeinsam zu betrachten, da wir später zeigen werden, daß die Frauenarbeit nach Einführung der verschiedenen Kinderschutzgesetze erheblich zunimmt.

Wenn auch durch die Einführung der Maschinenspinnerei zunächst viele weibliche Arbeitskräfte frei wurden, so war dies doch nur bei dem Übergang der Maschinenhausindustrie zum Maschinengroßbetrieb der Fall; letzterer begünstigte mit der weiteren Vervollkommnung der Maschinen die Frauenarbeit in hohem Maße. Die ungeheure Steigerung der Produktion durch den Maschinenbetrieb bot natürlich einer viel größeren Zahl von Menschen die Möglichkeit

---

[1] Staats-, Post- und Zeitungs-Lexikon von Sachsen, 4. Band. Zwickau 1817. S. 535ff.

[2] Bein, Die Industrie des sächsischen Voigtlandes. 2. Teil. Die Textil-Industrie. Leipzig 1884. S. 134.

einer Betätigung als die Hausindustrie. Ebenso hat die Gewerbefreiheit indirekt fördernd auf die Frauenarbeit eingewirkt. Auch an England können wir das beobachten, wo in den ersten drei Jahrzehnten des 19. Jahrhunderts die Frauen die Männer scharenweise aus den textilindustriellen Großbetrieben drängten.[1] Die Maschinenspinnerei sollte dem Ackerbau, der Flachskultur und dem Gesindewesen die vielen tausend Hände wiedergeben, die die Baumwollspinnerei ihnen entrissen hatte[2]; dieser Zweck wurde also nicht erfüllt.

Die Frauenarbeit sinkt allerdings immer mehr zur Hilfsarbeit herab, während männliche Spinner stets die leitenden Personen an den Spinnmaschinen sind, wie auch jetzt noch.

Der Ausdruck „Spinner“ in den älteren Berichten ist stets sehr weit zu fassen und nicht nur auf die männlichen Spinner anzuwenden, wie z. B. auch früher der Ausdruck „Klöppler“ allgemein angewendet wird, wo doch feststeht, daß nur Frauen in Betracht kommen.

Durch die Großindustrie in der Baumwollspinnerei wurden verhältnismäßig weniger Frauen arbeitslos als Männer. Die Maschinen, besonders die durch Wasser- und später durch Dampfkraft getriebenen, arbeiten von selbst und haben nur eine Beaufsichtigung nötig. Die Arbeiter haben das Material zuzulangen und das verarbeitete zu ordnen und wegzunehmen, Hilfsarbeiten, die leicht von Frauen ausgeführt werden können. Bei den Krempel-, Spinn- und Haspelmaschinen brauchte man meist nur Kinder, die den Maschinen nachhalfen, die Baumwolle in blecherne Büchsen leiteten, den Faden an die Spindel knüpften, wenn er zufällig riß, usw. Ein einziges Mädchen konnte mehrere Maschinen besorgen, ohne daß sie sich dabei sonderlich zu übereilen brauchte. In der Chemnitzer Spinnmühle waren 1804 auf den verschiedenen Spinnmaschinen 2000 Spindeln im Gange; dazu brauchte man 60 Personen, worunter nur 10 Erwachsene waren. Eine Ersparung der Menschenhände und des Arbeitslohnes war also — auf eine Maschine berechnet — erreicht.[3] Die schnelle Ausdehnung und Vergrößerung der Spinnfabriken zeitigte aber eine gewisse Kompensation in der Gesamtzahl der beschäftigten Personen. 1810 gab es im

erzgebirgischen	Kreis	81	Anstalten	mit	156442	Spindeln
vogtländischen	„	22	„	„	100167	„
Neustädter	„	1	„	„	1632	„
Leipziger	„	4	„	„	9636	„

Dies ergibt zusammen 108 Baumwollspinnereien.

[1] Rose Otto, Fabrikarbeit verheirateter Frauen. Stuttgart und Berlin 1910. (Münchner volkswirtschaftliche Studien, 104. Stück), S. 9.

[2] Staats-, Post- und Zeitungs-Lexikon von Sachsen. 4. Band. Zwickau 1817. S. 523.

[3] Staats-, Post- und Zeitungs-Lexikon von Sachsen. 4. Band. Zwickau 1817. S. 541.

Der Produktionsgang in der Baumwollspinnerei ist folgender: 1. Die hereinkommenden Ballen werden zerpflückt und dann gemischt. 2. Die Mischung wird im Wolf oder Öffner aufgelockert. 3. Eine weitere Auflockerung, verbunden mit Reinigung, erfolgt in der Schlagmaschine. 4. Durch die Krempelmaschine findet die Reinigung und Auflockerung ihren Abschluß. 5. Durch die Streckmaschinen wird das Streckband erhalten, das 6. auf den Grob-, Mittel- und Feinflyern zum Vorgespinst übergeführt wird. 7. Auf den Feinspinnmaschinen erfolgt die endgültige Verwandlung in Garn. Solange es noch keine Schlagmaschinen gab — dies war noch während der Kontinentalsperre und später der Fall — geschah das Ausklopfen und Reinigen der rohen Baumwolle durch Menschenhand mit häselnen Stöckchen und war eine Beschäftigung der Frauen, die Wolleserinnen oder Wollklopferinnen genannt wurden. Da die Personen immer in eine dichte Staubwolke gehüllt waren, so war diese Arbeit sehr schädlich. Es ist dies ein Zeugnis dafür, daß Frauen oft zu Arbeiten herangezogen wurden, wofür männliche Arbeiter nicht zu haben waren.[1]

In 27 Chemnitzer Baumwollspinnereien waren 1812 zusammen 1013 Personen beschäftigt.[2] Davon waren:

215	Wolleser	= 21,22 %	erwachsene Mädchen
168	Krempler und Strecker	= 16,58 %	erwachsene Mädchen
73	Weifer[3]	= 7,21 %	erwachsene Mädchen
24	Spuler	= 2,37 %	Kinder v. 6—8 Jahren

Die Arbeit erwachsener Mädchen machte also hier schon 45,0 % aus, zusammen mit der Kinderarbeit sogar 47,39 %. Außerdem wird zu jeder Feinspinnmaschine ein Spinner und ein Andrehjunge gerechnet. Die Zahl der erwachsenen männlichen Arbeiter muß also schon damals ziemlich gering gewesen sein.

In 9 anderen Chemnitzer Spinnfabriken waren 1812 beschäftigt[4]:

181	Wolleserinnen und Weiferinnen	= 36,28 %
41	Kremplerinnen und andere Mädchen	
201	Kinder	= 32,84 %
189	erwachsene männliche Arbeiter	= 30,88 %

Die Frauen- und Kinderarbeit beträgt also zusammen 69,12 %.

Auch in England scheinen ähnliche Verhältnisse geherrscht zu haben. Ure berichtet[5], daß in den Baumwoll- und Flachsfabriken

[1] Rose Otto, a. a. O., S. 10.
[2] König, a. a. O., S. 326f.
[3] Die Arbeit der Weiferinnen bestand darin, die Garne von den Kötzern zu Gebinden und Strähnen abzuhaspeln.
[4] König, a. a. O., S. 329f.
[5] Ure, Philosophy of Manufactures. London 1835. S. 473f.

Englands auf 100 Männer 103—147 Frauen kamen, in denen Schottlands sogar 209—280 Frauen. Ein Drittel der englischen und die Hälfte der schottischen in den Baumwollspinnereien Beschäftigten sind unter 21 Jahre alt. Auch dort wurden viele Kinder beschäftigt; $^{9}/_{10}$ damit, die weiträumigen Mulen zu bedienen. Der später aufkommende Selfaktor benötigte weniger Kinderarbeit; ein Paar Mulen konnte von 2 jugendlichen Personen von 16 und mehr Jahren bedient werden.

Aus späteren Jahren berichtet Wieck[1]:

In 25 von ihm untersuchten Baumwollspinnereien waren beschäftigt: 1056 Mädchen und Weiber, 690 Kinder, 686 Männer und Burschen. Hier macht also die Frauenarbeit ohne Kinderarbeit schon 43,42 % aus.

Wie stark die Arbeiterzahl in der Spinnereiindustrie am Anfang des 19. Jahrhunderts schon war — trotz der Verminderung der Arbeitskräfte an den einzelnen Maschinen —, zeigen einige Angaben in den Akten der Kommerziendeputation.[2] 1812 beschäftigte die Spinnerei der Gebrüder Bernhard in Harthau etwa 600 Personen. Im Dorfe war für diese Personen kein Unterkommen mehr zu finden, deshalb wurden Wohngebäude für die Arbeiter errichtet und so eine blühende Kolonie gegründet. In einer Baumwollspinnerei in Schönau bei Chemnitz waren im Jahre 1811 etwa 300 Personen beschäftigt, die auf 4 Vorreißkrempeln, 5 Lockenkrempeln, 2 Strickmaschinen, 1 Kammermaschine, 2 Vorspinnmaschinen, 12 Mule-Maschinen und 7 Weifen arbeiteten.

In dem Bericht heißt es weiter, daß die etwa um 1825 neu eingeführten selbstspinnenden Maschinen für die Woll- und Baumwollspinnerei von einem Mädchen beaufsichtigt werden, ebenso wie die Vorspinnmaschinen. Die Frauenarbeit hat also wieder einen Schritt vorwärts getan.

Der den Deutschen eigentümliche Zug, eine vom Ausland übernommene Industrie — in neuester Zeit die Automobilindustrie und das Flugwesen — so zu fördern und mit überquellendem Eifer zu betreiben, um das Ausland zu schlagen, zeigte sich auch schon damals in der Baumwollindustrie. Das Unterstützungsgesuch der Gebrüder Clauss in Chemnitz vom Jahre 1827 führt an, daß sie neben acht neuen Vorbereitungsmaschinen auch noch die fehlenden Vorbereitungsmaschinen und Spinnstühle von Eisen einführen wollen und somit das erste komplette Assortiment des besten in England bekannten Baumwollspinnsystems in Sachsen hätten. Viele tausend Menschen beiderlei Geschlechts würden in dieser Industrie in Sachsen beschäftigt. Wenn man, so heißt es ferner in dem Bericht, vor 20—30 Jahren, anstatt die Baumwollmaschinenspinnerei einzuführen, beim Hand-

---

[1] **Wieck, Industrielle Zustände Sachsens. Chemnitz 1840. S. 53ff.: Die Baumwollspinnerei, Beilage C.**

[2]) **Hauptstaatsarchiv Dresden, Loc. 11155.**

gespinst verharrt wäre, würde in Sachsen heute wohl kaum noch ein einziges Pfund Garn gesponnen werden, und anstatt verhungern zu müssen, wie die zahlreichen Handspinner bei Einführung der Maschinenspinnerei glaubten, fanden durch den Großbetrieb viel mehr Menschen Arbeit und Unterhalt und eine sichere und bessere Existenz als früher. 1814 beschäftigte die Baumwollspinnerei von Mertz in Reusa bei Plauen 250 Menschen, die sich in der Hauptsache auf folgende Arbeiten verteilten[1]:

50 Personen mit Vorbereitung der Wolle bis zur Krempel,
13 Personen bei der Krempelmaschine,
8 Personen bei der Vorspinnmaschine,
80 Personen bei der Feinspinnmaschine,
24 Personen mit Abweifung des gesponnenen Garnes
usw.

Es scheint, daß die Frau zunächst mit dem eigentlichen Feinspinnprozeß wenig zu tun hatte; an den Spinnmaschinen waren fast stets Männer beschäftigt. Schon aus den hohen Lohnsätzen, die für Feinspinnen gezahlt wurden und doppelt so hoch waren als die für die meisten übrigen Abteilungen, können wir das mit Sicherheit schließen.[2] Von der Baumwollspinnerei Facilides in Plauen wird u. a. berichtet[3], daß auf jede Spinnmaschine ein Mann und ein Kind, auf 8 Spinnmaschinen acht Vorspinner und ein Kind zu rechnen sind. Dagegen erfordern 18 Streck- und Kannenmaschinen 36 erwachsene Mädchen und 8 Kinder; 20 erwachsene Mädchen und Weiber sind mit dem Lesen der Wolle beschäftigt. Die Frauenarbeit ist also nur Hilfsarbeit. Auf je 3 Krempeln kommt ein erwachsener „Mensch“, ein Ausdruck, der öfters wiederkehrt; so sind z. B. 2 Menschen zum Garnbündeln, 2 Menschen zum Wollsortieren und Ausgeben der Wolle und 2 erwachsene Menschen zum Reinigen der Krempeln nötig. Man kann vielleicht daraus schließen, daß diese Arbeiten in den verschiedenen Fabriken entweder von Männern oder von Frauen ausgeführt wurden. Der Bericht spricht ferner von erwachsenen Mädchen und Weibern; unter Weibern sind demnach wohl die verheirateten Frauen verstanden.

In der Chemnitzer Gegend wurden um 1827 gegen 8000 Arbeiter von den dortigen Spinnereien ernährt, besonders viele Kinder, heißt es.[4] Wir sehen also hier wieder, daß die Frauenarbeit weniger unter der Konkurrenz der Männerarbeit zu leiden hatte, als vielmehr unter der Kinderarbeit, die natürlich noch billiger als Frauenarbeit war. Die höhere Zahl der Männer beim eigentlichen Spinnprozeß erklärt sich vielleicht daraus, daß die beginnende Großindustrie zum großen Teil aus der Hausindustrie in den Städten

[1] Hauptstaatsarchiv Dresden, Loc. 11157.
[2] Hauptstaatsarchiv Dresden, Loc. 11171.
[3] Hauptstaatsarchiv Dresden, Loc. 11185.
[4] Hauptstaatsarchiv Dresden, Loc. 11171.

hervorgegangen ist — 70,68 % aller Spindeln gingen 1812 in 19 Städten, 29,32 % auf dem Lande —, also meist städtische Arbeit war, die, man kann wohl sagen bis zur Gewerbefreiheit die Männerarbeit im allgemeinen begünstigte, und daß ferner die beginnende Großindustrie eben aus diesem Grunde noch zum großen Teil Handmaschinenspinnerei ist. So waren in Chemnitz und Umgegend im Jahre 1808/09 allein über 9000 Baumwollhandspinnmaschinen mit 400000 Spindeln im Betrieb, die zum Teil schon in eigenen großen Fabrikgebäuden untergebracht waren.[1]

Erst durch den zunehmenden Mechanisierungsprozeß, der große Spinnfabriken in ländlichen Gegenden am Wasser und dann wieder mehr in den Städten bei Bevorzugung der Dampfkraft entstehen ließ, ist es der Frauenarbeit mehr und mehr möglich geworden, auch die Spinnmaschinen zu bedienen.

Nach einem Bericht vom Jahre 1825 über den „Ungefähren Zustand der Fabriken und Grossohandlungen Sachsens“[2] gab es etwa 93 Baumwollspinnereien, von denen 2 mit Handmaschinen arbeiteten; Schafwollspinnereien gab es ungefähr 34 (nur!); Flachsspinnfabriken nur 2.

Von den Baumwollspinnereien waren allein 35 in Chemnitz. Im Vogtland nahm die Zahl der Spinnereien beständig ab. War ihre Zahl 1813 auf 22 gestiegen, so betrug sie 1825 nur noch 13, 1828 nur noch 10, in den 40er Jahren nur noch 2 und ist 1882 wegen der Konkurrenz der erzgebirgischen und anderer Spinnereien gänzlich erloschen. Auch die Gesamtzahl der Baumwollspinnereien Sachsens hat abgenommen: von 108 im Jahre 1814 ist sie bis 1825 auf 93 zurückgegangen und fiel bis 1830 auf 84. Das bedeutet aber gleichzeitig, daß einzelne Fabriken der Spindelzahl nach sich bedeutend ausdehnten, was hier im einzelnen nachzuweisen nicht unsere Aufgabe ist. Zum Teil waren auch die Krisen daran schuld, die als Reaktion gegen die große Blüte während der Kontinentalsperre wirkten. Von 1830 ab ist wieder ein langsames Steigen der Fabriken zu bemerken. Die Gewerbe- und Personalkataster für 1836/37 geben 107 Spinnereien für Baumwolle und 6 Spinnereien für Strickgarn und Zwirn an.[3] 1848 gab es 132, 1861: 153 Baumwollspinnereien.

Die statistischen Quellen aus den ersten fünf Jahrzehnten des 19. Jahrhunderts, woraus wir über Arbeiterzahlen und ihre Verteilung etwas erfahren könnten, fließen leider recht spärlich. Die 10 Baumwollspinnereien des Vogtlandes beschäftigten 1828[4]: 62 Männer, 214 Frauen, 99 Kinder, was ein selten erreichtes Verhältnis der Frauen- zur Männerarbeit ergibt. Vielleicht kann man daraus den Schluß

---

[1] Hauptstaatsarchiv Dresden, Loc. 11171.
[2] Hauptstaatsarchiv Dresden, Loc. 11171.*
[3] Mitteilungen des statistischen Vereins für das Königreich Sachsen 1837, S. 35.
[4] Bein, a. a. O. Tabelle VIII.

ziehen, daß sich die Männer bei der niedergehenden Baumwollspinnerei-Industrie des Vogtlandes mehr und mehr lohnenderen Berufen zugewandt haben und den Frauen, mit denen sie nicht mehr konkurrieren konnten, die verhältnismäßig schlecht entlohnte Arbeit überließen. Wo sonst 10—12 Personen Beschäftignng fanden, waren jetzt durch die verbesserte Technik der Maschinen nur einige Frauen und Kinder nötig.

Aus den Gewerbetabellen für Sachsen vom Jahre 1846 geht hervor, daß in den Städten 93 Spinnereianstalten bestanden, auf dem Lande 240; die Verteilung der Männer- und Frauenarbeit war folgende:

	In den Städten		Auf dem Lande	
	unter 14 Jahren	über 14 Jahre	unter 14 Jahren	über 14 Jahre
m.	210	652	1003	2741
w.	114	444	646	2561

Zusammen also 3393 männliche erwachsene Personen gegen 4978 weibliche Personen einschließlich Kinder (3005 weibliche erwachsene Personen und 1973 Kinder).

Diese Tabellen sind mit Vorsicht aufzufassen, da die 1846er Statistik in manchen Punkten unzuverlässig zu sein scheint.[1]

Ein weiterer Faktor in der Entwicklung des Mechanisierungsprozesses ist die Einführung der Dampfkraft. In der Baumwollspinnerei findet der Übergang von der Wasser- zur Dampfkraft schon in den 20er Jahren statt. Gebauer berichtet es vom Jahre 1820.[2] Nach der Zeitschrift des Statistischen Bureaus vom Jahre 1859[3] wurden aber die ältesten Dampfmaschinen für die Baumwollspinnerei erst 1826, 1840 und 1844 aufgestellt. Das Anwachsen der Dampfmaschinen in den Baumwollspinnereien läßt folgende Übersicht erkennen: 1846 gab es 18 Dampfmaschinen, 1856: 28 und 1861: 61, davon 4 in besonderen Zwirnereianstalten.[4] Auch die Erfindung und Einführung der Selfaktormaschinen in den 50er Jahren kommt der fortschreitenden Mechanisierung zu Hilfe und begünstigt die Frauenarbeit. Folgende Übersicht veranschaulicht das Anwachsen der Spindelzahl besonders bei den Selfaktormaschinen:

	Handmule	Halbselfaktor	Selfaktor	Watermaschine
1855:	518442	1856	27584	6764
1861:	513107	—	135434	58846

[1] Vgl. Statistische Mitteilungen aus dem Königreich Sachsen. Dresden 1854. Einleitung, S. 2.

[2] Gebauer, Die Volkswirtschaft im Königreich Sachsen. Dresden 1893. 2. Bd., S. 501.

[3] Zeitschrift des Statistischen Bureaus des Kgl. Sächs. Min. des Innern 1859, S. 12.

[4] Zeitschrift des Statistischen Bureaus 1862, S. 111.

Die Zahl der Spinnereien ist von 1855—1861 von 135 auf 154 gestiegen und zwar haben sich, nach der Anzahl der Spindeln zu urteilen, die großen Spinnereien sehr vermehrt.[1]

Die ersten genaueren Angaben über die Arbeiterverhältnisse liefert uns die Gewerbestatistik des Jahres 1846.[2] Die Arbeiter verteilen sich, nach Alter, Geschlecht und Stadt und Land getrennt, folgendermaßen:

	Anstalten	Zahl der Arbeiter				Überhaupt
		unter 14 Jahren		über 14 Jahre		
		m.	w.	m.	w.	
Städte	35	210	114	568	443	1325
Land	97	1002	646	2814	2523	6985
Königreich . .	132	1212	760	3382	2966	8320

Auf eine Fabrik kommen demnach durchschnittlich 63 Arbeiter; 28,2 weibliche und 34,8 männliche Arbeiter. Lassen wir die noch recht beträchtliche Zahl der Kinder — rund 2000 — außer acht, so ergibt sich für ganz Sachsen, daß die Zahl der weiblichen Arbeiter die Zahl der männlichen Arbeiter schon nahezu erreicht hat. Es stehen rund 3000 Frauen 3400 Männern gegenüber. Auf 100 erwachsene Frauen kommen 113 Männer; das Verhältnis ist 0,9 : 1. Es ergibt sich ferner, daß die Spinnereien auf dem Lande bedeutend größere Betriebe darstellen als die in den Städten; es kommen auf die Spinnereien in den Städten durchschnittlich etwa 38 Arbeiter, auf die auf dem Lande rund 72 Arbeiter. Nach unseren obigen Darlegungen, daß der Großbetrieb die Frauenarbeit begünstigt, müßten demnach in den Großbetrieben auf dem Lande verhältnismäßig mehr Frauen beschäftigt werden als in den Stadtbetrieben, was auch aus der Tabelle deutlich hervorgeht, denn das Verhältnis der erwachsenen Männer und Frauen von 2814 : 2523 = 1,1 : 1 ist für die Frauenarbeit günstiger — natürlich rein zahlenmäßig betrachtet — als das Verhältnis 568 : 443 = 1,3 : 1.

Die selbständigen Fabriken für Zwirn-, Strick-, Stick- und Nähgarn sind noch unter der Rubrik „Gewebe“ angegeben. Ihre Zahl beträgt 107 mit nur 214 Arbeitern, woraus hervorgeht, daß noch keine Großindustrie vorhanden ist.

Im Jahre 1855[3] bestanden 133 Spinnereien mit zusammen 8993 erwachsenen Arbeitern und 2427 Kindern, zusammen also 11420 beschäftigte Personen. Auf eine Fabrik kommen durchschnittlich 85,8 Personen.

[1] Zeitschrift des Statistischen Bureaus 1863, S. 25.

[2] Übersicht der Gewerbe im Königreich Sachsen nach der Zählung am 3. Dezember 1846. — Mitteilungen des Statistischen Vereins für das Königreich Sachsen, 1849, S. 48.

[3] Zeitschrift des Statistischen Bureaus 1856, S. 147 u. 149.

Von den Erwachsenen waren beschäftigt in den Spinnereien mit:

		männlich	weiblich
bis 1000	Spindeln	121	74
1001— 2000	„	353	385
2001— 3000	„	329	471
3001— 4000	„	718	671
4001— 5000	„	357	478
5001— 6000	„	290	312
6001— 7000	„	807	782
7001— 8000	„	194	291
8001— 9000	„	206	288
9001—10000	„	243	186
10001—12000	„	250	335
über 12000	„	348	504
		4216	4777

Das heißt, daß jetzt die Zahl der Arbeiterinnen die Zahl der Arbeiter schon um ein beträchtliches überstiegen hat. Es stehen 4777 erwachsene Frauen 4216 erwachsenen Männern gegenüber; das Verhältnis ist also 1,1 : 1. Noch deutlicher zeigt sich das Anwachsen der Frauenarbeit, wenn man nur die Fabriken mit über 5000 Spindeln heranzieht. Dann stehen 2698 Frauen 2338 Männern gegenüber; das Verhältnis ist 1,2 : 1. Von 1849—1856 hat sich die Zahl der erwachsenen Männer über 14 Jahre in den Spinnereien von 3382 auf 4216 gehoben oder um rund 25 %. Die Zahl der weiblichen erwachsenen Personen über 14 Jahre ist im gleichen Zeitraum von 2966 auf 4777 gestiegen, also um rund 61 %.

Bis 1861 ist ein weiteres Anwachsen der Frauenarbeit zu verzeichnen. Die Zahl der Baumwollspinnereien ist inzwischen auf 154 gestiegen. Die Arbeiter verteilten sich wie folgt[1]:

	Kreisdirektionsbezirk			Königreich
	Dresden	Leipzig	Zwickau	
Anstalten	2	15	137	154
Zahl der Arbeiter männl.	39	634	5746	6419
Zahl der Arbeiter weibl.	46	755	6346	7147

Auf eine Fabrik kommen demnach 88,1 Arbeiter (46,4 weibliche und 41,7 männliche Arbeiter), was ein starkes Anwachsen der Großbetriebe erkennen läßt (88,1 Arbeiter in einer Fabrik im Jahre 1861 gegen 63 Arbeiter im Jahre 1849), das der Frauenarbeit in hohem Maße günstig gewesen ist. In den Zahlen der obigen Tabelle (6419 weibliche Arbeiter, 7147 männliche Arbeiter, zusammen 13566 Arbeiter) sind die Kinder eingerechnet; denn es werden 1861 etwa 14000 Arbeiter geschätzt, wovon höchstens 5000 erwachsene Arbeiter sind.[2] Also

[1] Zeitschrift des Statistischen Bureaus 1863, S. 63.
[2] Gebauer, a. a. O., 2. Band, S. 506.

können wir für die erwachsenen Frauen auch nur eine runde Zahl von etwa 6200 annehmen. Interessant ist ein prozentualer Vergleich zwischen dem Anwachsen der Spinnereianstalten und der wachsenden Arbeiterzahl. Die Baumwollspinnereien sind von 1849—1861 von 132 auf 154 gestiegen, also um rund 17 %. Die Zahl der beschäftigten Frauen über 14 Jahre ist von 2966 auf 6200 angewachsen, d. h. um über 100 %. Die Zahl der beschäftigten Männer ist von 3382 auf höchstens 5000 gestiegen, d. h. um rund 50 %. Von 1849 bis 1856 und von 1856—1861 hat eine fast völlig identische Entwicklung Platz gegriffen. Folgende Tabelle veranschaulicht das Wachstum der Baumwollspinnereien und der Zahl der beschäftigten erwachsenen Frauen und Männer in diesen Betrieben in dem Zeitraum von 1849—1861.

Jahre	Anzahl der Spinnereien	Vermehrung v. H.	Anzahl der beschäft. erw. Frauen	Vermehrung v. H.	Anzahl der beschäft. erw. Männer	Vermehrung v. H.
1849 1861	132 154	17	2966 6200	109	3382 5000	48

Relativ hat allerdings gegen die Periode von 1849—1856 eine Abnahme stattgefunden, und zwar bei den Frauen etwas mehr (1,3 : 1) als bei den Männern (1,2 : 1). Nehmen wir 6200 erwachsene weibliche Arbeiter an und 5000 erwachsene männliche Arbeiter, so ist das Verhältnis 1,2 : 1.

Zum Vergleiche diene das Anwachsen der Bevölkerung und der Selbsttätigen in dem gleichen Zeitraum, ebenfalls auf die Zahl 100 zurückgeführt. Die Bevölkerung ist von 100 auf 117,5 gestiegen; die Zahl der männlichen Selbsttätigen von 100 auf 118,0; die Zahl der weiblichen Selbsttätigen von 100 auf 125,9; die Zahl der männlichen und weiblichen Selbsttätigen von 100 auf 120,6. Die Selbsttätigen in Rubrik B (Bergbau, Hüttenwesen, Industrie und Bauwesen) haben von 1849—1861 um 27,6 % zugenommen.[1] Hieran kann man erst ermessen, wie groß die Zunahme der Frauenarbeit in der Baumwollspinnerei war, die über 100 % beträgt, gegen eine Zunahme der Männerarbeit von etwa 50 %. Die selbständigen Zwirnereien, d. h. also, soweit sie nicht mit Baumwollspinnereien verbunden sind, wiesen 1861: 27 Fabriken auf, worin 186 Arbeiter beschäftigt wurden.

In der nun folgenden Periode macht sich ein starker Rückgang der Baumwollspinnerei bemerkbar, besonders tritt er in den Jahren 1873 bis 1875 in den Handelskammerbezirken Chemnitz und Plauen hervor.[2] Der Geschäftsgang in der Zwirnerei ist dagegen bedeutend besser. Die Krisen — schon in den 60er Jahren war eine solche zu verzeichnen — waren natürlich für die Arbeitgeber und Arbeitnehmer

[1] Zeitschrift des Kgl. Sächs. Statistischen Bureaus 1875, S. 47f.
[2] Zeitschrift des Kgl. Sächs. Statistischen Bureaus 1877, S. 74.

nachteilig. Nach dieser Zeit aber wurden Arbeitskräfte wieder stark verlangt und bekamen wegen der Konkurrenz neuer Spinnereien hohe Löhne, trotz des schlechten Geschäftsganges, der z. B. 1884 wieder eintrat. Es wird aber vielfach über Mangel an zuverlässigen und geschickten Arbeitern geklagt; es scheint, als habe die lang andauernde Krise die Arbeiter der Spinnerei entfremdet und den Zuwachs jugendlicher Arbeiter verhindert.[1] Dazu kommt, daß durch die Gewerbeordnung vom Jahre 1869 es unmöglich gemacht worden war, Kinder von 10—14 Jahren so zeitig wie früher an die zur Spinnerei nötigen Handgriffe zu gewöhnen und sie zur Bedienung der mehr oder weniger komplizierten Maschinen geschickt zu machen. Die Spinnerei sei vielfach auf mittelmäßige, wenig geübte Kräfte angewiesen, die oft sich nicht dauernd einrichteten; sie müsse tüchtigen Leuten hohe Löhne zahlen, die oft zu den übrigen Löhnen in keinem Verhältnis stünden und dazu angetan seien, Unzufriedenheit unter dem Arbeiterpersonal hervorzurufen.[2] Vor allem hatte die große Ausdehnung der Handschuhfabrikation viele weibliche Arbeiter der Baumwollspinnerei entzogen.[3]

In der gesamten Textilindustrie Sachsens waren 1875 in 83367 Hauptbetrieben 203780 Personen beschäftigt, davon 65143 weibliche und 138637 männliche Personen.[4] Ein vollständig anderes Bild erhalten wir bei der Betrachtung der Arbeiterverhältnisse in den Großbetrieben, d. h. Betrieben mit über 5 Gehilfen, der Baumwollspinnerei einschließlich Zwirnerei.[5] Hier überwiegt das weibliche Element bedeutend. In 92 Großbetrieben (einschließlich 4 Nebenbetrieben) betrug die

Zahl der Arbeiter und Gehilfen

über 16 Jahre		14—16 Jahre		bis 14 Jahre		zusammen	
m.	w.	m.	w.	m.	w.	m.	w.
2153	3581	372	531	545	395	3070	4507

Zunächst tritt uns die starke Abnahme der Zahl der beschäftigten Kinder unter 14 Jahren deutlich entgegen. Waren es 1861 noch weit über 2000 Kinder, so ist ihre Zahl jetzt auf 940 gesunken. Die Zahl der beschäftigten männlichen Kinder hat übrigens stets die Zahl der beschäftigten weiblichen Kinder übertroffen. Die Zahl der erwachsenen weiblichen Personen über 14 Jahre ist von rund 6200 im Jahre 1861 auf 4112 im Jahre 1875 gesunken und die Zahl der erwachsenen männlichen Personen über 14 Jahre von rund 5000 auf 2525. Wir haben es in diesem Zeitraum mit einer beträchtlichen absoluten und relativen Abnahme zu tun. Die Abnahme beträgt aber beim weiblichen Geschlecht nur rund 34 %, beim männlichen Geschlecht rund 50 %.

---

[1] Gebauer, a. a. O., 2. Band, S. 519.
[2] Zeitschrift des Kgl. Sächs. Statistischen Bureaus 1877, S. 75.
[3] Gebauer, a. a. O., 2. Band, S. 520.
[4] Zeitschrift des Kgl. Sächs. Statistischen Bureaus 1877, S. 168f.
[5] Die 161 Kleinbetriebe beschäftigten nur 47 männliche und 65 weibliche Gehilfen und Arbeiter.

Einschließlich der Kleinbetriebe sind 253 Spinnereien mit 4017 männlichen Gehilfen und Arbeitern und 4572 weiblichen Gehilfen und Arbeitern vorhanden, zusammen 8589 Gehilfen und Arbeiter. Auf eine Spinnerei kommen nur noch 33,9 Arbeiter (15,8 männliche und 18,1 weibliche Arbeiter). Die Spinnereiindustrie für Baumwolle hat also einen sehr starken Rückschlag erlitten, wie oben schon angedeutet wurde. Wie verhält sich nun die Zahl der weiblichen erwachsenen Gehilfen und Arbeiter zu der der männlichen erwachsenen Gehilfen und Arbeiter in den 92 Großbetrieben? Es stehen 4112 Frauen 2525 Männern gegenüber, auf 100 Frauen kommen etwa 61 Männer; das Verhältnis ist 1,6 : 1. Die Statistik unterscheidet zum ersten Male zwischen Personen über 16 Jahre und jugendlichen Personen von 14—16 Jahren. Es stehen 531 weibliche jugendliche Personen 372 männlichen jugendlichen Personen gegenüber, d. h. auf 100 weibliche jugendliche Personen kommen 70 männliche; das Verhältnis 1,4 : 1 ist hier nicht so auffallend hoch wie bei den erwachsenen weiblichen und männlichen Arbeitern über 16 Jahre, ein Rückschlag vielleicht davon, daß die männliche Kinderarbeit der weiblichen Kinderarbeit überwiegt.

Die Berufszählung von 1882 gibt nur sehr allgemeine Aufschlüsse über die Baumwollspinnerei.[1] Die Zahl der Hauptbetriebe ist auf 303 gestiegen, gegen 241 Hauptbetriebe im Jahre 1875; die Steigerung beträgt also rund 26 %. Die Personenzahl ist von 8133 (davon 7575 Gehilfen und Arbeiter) auf 9127 gestiegen, d. h. um 12 %. Es beginnt wieder ein langsames absolutes Steigen der Zahl der beschäftigten Personen; im Vergleich mit der Zahl der Spinnereien ist ein Sinken zu beobachten.

Für 1895 fließt das Material wieder reichlicher.[2] Die Hauptbetriebe haben sich auf 262 vermindert, während die Zahl der beschäftigten Personen auf 11 076 angewachsen ist.

Jahre	Zahl der Hauptbetriebe	Vermehrung v.H.	Zahl der beschäft. Personen	Vermehrung v.H.	Davon Geh. und Arbeiter[3]	Vermehrung v.H.	Davon weibliche Personen	Vermehrung v.H.
1875	241		8 133		7 577		4507	
1882	303	25	9 127	12	—	34	—	32
1895	262	—14	11 076	21	10 187		5976	

Die Zunahme ist beim männlichen Geschlecht in diesem Zeitraum etwas höher, trotz der offensichtlichen Ausdehnung der Großbetriebe. Das mag seine Ursache darin haben, daß die Frauen durch verschiedene Krisen und durch lohnendere Beschäftigung der Spinnereiarbeit verhältnismäßig stark entzogen worden waren. Sie

[1] Zeitschrift des Kgl. Sächs. Statistischen Bureaus 1898, S. 132.
[2] Zeitschrift des Kgl. Sächs. Statistischen Bureaus 1898, S. 134.
[3] Betriebe mit über 5 Gehilfen.

scheinen daher auch nicht gleich voll die von den Kindern infolge des Kinderschutzgesetzes freigewordenen Plätze eingenommen, sondern erst allmählich diese Arbeiten ergriffen zu haben. Der wichtigste Grund für die weniger starke Steigerung der Zahl der weiblichen Personen mag jedoch in dem Gesetz vom Jahre 1891 liegen, wonach für sämtliche Arbeiterinnen die elfstündige Maximalarbeitszeit gesetzlich eingeführt wurde. An Vorabenden von Sonn- und Festtagen wurde der Fabrikschluß für Arbeiterinnen auf $5^1/_2$ Uhr festgesetzt. Das waren Maßnahmen, die die Unternehmer abschrecken mußten und sie zu männlichen Ersatzkräften greifen ließen. Jedoch ist dies nur ein vergeblicher Widerstand verschiedener Spinnereien gewesen, denn es heißt, es würden sich sämtliche Spinnereien genötigt sehen, die verkürzte Arbeitszeit einzuführen. Die Frauenarbeit war in der Baumwollspinnerei ein so unentbehrlicher Faktor geworden, daß ohne sie die Räder stillstehen mußten.

Der Vergleich der Arbeitsverhältnisse einer modernen Spinnerei in Oldham mit einer etwa gleich großen aus der Zeit Ures[1] läßt den Rückgang der Arbeiterzahl hervortreten und veranschaulicht den bemerkenswerten Fortschritt in Technik und Arbeitsteilung.

Es kamen	1830 (nach Ure)			1890		
	Männer	Frauen	Kinder	Männer	Frauen	Kinder
auf die Vorbereitungsmaschinen	26	—	27	13	2	—
auf das Vorspinnen	—	58	14	—	32	18
auf das Spinnen	105	—	403	32	—	65
im ganzen	131	58	444	45	34	83

Von im ganzen 653 Arbeitern im Jahre 1830 sind im Jahre 1890 für dieselben Verrichtungen nur 163 Arbeiter übrig geblieben.

Wie sparsam die Engländer wirtschaften, indem sie für dieselben Arbeiten noch weniger Leute nötig haben als wir, möge der Vergleich zwischen einer Spinnerei in Oldham und einer in Mülhausen zeigen.[2] Dieses Beispiel ist von der Industriellen Gesellschaft Mülhausens als Durchschnitt berechnet worden und gilt für die 90er Jahre des vorigen Jahrhunderts.

	Oldham	Mülhausen
Zahl der Spindeln	7000	32 000
Arbeiter zum Mischen	2 Männer	2,3 Männer
„ zum Öffnen	4 Männer u. Frauen	7,6 Männer und Frauen
„ zum Kratzen	7 Männer	15 Männer
Für das Streckwerk	7 Frauen	12,16 Frauen
Arbeiter zum Vorspinnen	43 Frauen u. Kinder	44,3 Frauen u. jgdl. Arbeiter.
Arbeiter zum Feinspinnen	95 Männer u. Knab.	57 Männer u. jugendl. Arbeiter
	158	169,3

[1] v. Schulze-Gävernitz, a. a. O., S. 124.
[2] Ebenda, S. 127.

Uns interessieren vor allem die Fabrikbetriebe mit über 10 Personen und im besonderen die Verhältniszahlen zwischen den erwachsenen weiblichen Personen über 16 Jahre und den erwachsenen männlichen Personen über 16 Jahre.[1] [2]

Für sämtliche Betriebe (Groß- und Kleinbetriebe) und für Personen beiderlei Geschlechts berechnet, erhalten wir folgende Zahlen. Im ganzen stehen 1895 in der Baumwollspinnerei 6015 weibliche Gehilfen und Arbeiter 4240 männlichen Gehilfen und Arbeitern gegenüber; das Verhältnis ist 1,4 : 1 oder auf 100 Frauen kommen 70,5 Männer. Auf die Fabrikbetriebe als Hauptbetriebe verteilen sich die erwachsenen Arbeiter über 16 Jahre wie folgt:

Betriebe mit ... Personen

11—20		21—100		101—500		500 und mehr	
m.	w.	m.	w.	m.	w.	m.	w.
82	81	559	945	2205	3621	769	706

Betriebe mit ... Personen	Weibl. Personen v. H.
11—20	49,7
21—100	62,8
101—500	62,2
über 500	47,9

Es stehen 5353 erwachsene weibliche Personen 3615 erwachsenen männlichen gegenüber; das Verhältnis ist 1,5 : 1 oder auf 100 Frauen kommen 67,5 Männer. Selbst in den Großbetrieben ist das Verhältnis des Jahres 1875 — 1,6 : 1 — noch nicht wieder erreicht. Vergleicht man die Großbetriebe mit über 500 Personen, so überwiegt sogar die Männerarbeit um ein geringes. Innerhalb der Großbetriebe haben eigenartigerweise die mittleren Großbetriebe die höchste Prozentzahl der Frauenarbeit. Aus alledem werden unsere obigen Vermutungen noch schärfer gezeichnet und bekräftigt (s. S. 20).

Im Jahre 1907[3] waren in der Baumwollspinnerei 382 Gewerbebetriebe vorhanden, davon 329 Hauptbetriebe mit zusammen 16876 Arbeitern, wovon 10518 weibliche und 6358 männliche Personen waren. Auf eine Spinnerei entfallen also 44,1 Arbeiter, und zwar 27,5 weibliche und 16,6 männliche Arbeiter. Das Verhältnis ist 1,7 : 1 oder auf 100 Frauen kommen nur 60 Männer. Die Zahl der Hauptbetriebe hat sich im Zeitraum 1895—1907 um 25 % vermehrt, genau wie im Zeitraum 1875—1882. Innerhalb der Betriebsstätten der Fabrikbetriebe als Hauptbetriebe verteilen sich die Arbeiter wie folgt:[4]

[1] Die Zahlen für Personen unter 16 Jahren müssen wir unberücksichtigt lassen, da zwischen jugendlichen Personen und Kindern nicht getrennt ist.

[2] Fabrikbetriebe sind nach der Gewerbenovelle vom 28. Dezember 1908 Betriebe mit in der Regel mindestens 10 Arbeitern.

[3] Zeitschrift des Kgl. Sächs. Statistischen Landesamtes 1910, S. 28 u. 34f.

[4] Ebenda, S. 80ff.

Betriebe mit 11—50 Personen

16 Jahre u. mehr		14—16 Jahre		zusammen		w. Pers. v. H.	w. Pers. über 16 Jahre v. H.
m.	w.	m.	m.	m.	w.		
346	718	29	57	375	775	67,4	67,6

Betriebe mit 51—200 Personen

16 Jahre u. mehr		14—16 Jahre		zusammen		w. Pers. v. H.	w. Pers. über 16 Jahre v. H.
m.	w.	m.	w.	m.	w.		
1245	2659	147	330	1392	2989	68,2	68,1

Betriebe mit 201—1000 Personen

16 Jahre u. mehr		14—16 Jahre		zusammen		w. Pers. v. H.	w. Pers. über 16 Jahre v. H.
m.	w.	m.	w.	m.	w.		
3010	4746	393	479	3403	5225	60,5	61,2

Betriebe mit über 1000 Personen

16 Jahre u. mehr		14—16 Jahre		zusammen		w. Pers. v. H.	w. Pers. über 16 Jahre v. H.
m.	w.	m.	w.	m.	w.		
958	1263	146	175	1104	1438	56,5	56,8

Die Summe aller Personen über 14 Jahre in diesen Betrieben beträgt:

m.	w.	w. Pers. v. H.	davon		jgdl. w. Pers. v. H.
			jugendl. m. Pers.	jugendl. w. Pers.	
6274	10427	62,4	715	1041	59,2

Wir machen hier wieder die Erfahrung, daß die jugendlichen weiblichen Arbeiter von 14—16 Jahren mildernd auf das Zahlenverhältnis zwischen männlichen und weiblichen Arbeitern einwirken. Den höchsten Prozentsatz an weiblichen Arbeitskräften finden wir in den Betrieben von 51—200 Personen; je größer der Betrieb wird, um so mehr geht der Anteil der beschäftigten Arbeiterinnen zurück. So sehr also mit der zunehmenden Entwicklung der Spinnerei zum Großbetrieb die Frauenarbeit zunimmt, so wenig ist dies innerhalb der Großbetriebe selbst der Fall; die mittleren Großbetriebe mit 51—200 Personen weisen auch hier den höchsten Prozentsatz an Frauen auf. Im ganzen stehen 10427 weibliche Arbeiter 6274 männlichen (ohne Kinder unter 14 Jahren) gegenüber, was ein Verhältnis von 1,7 : 1 bedeutet, oder auf 100 Frauen kommen 60 Männer. Hiermit ist die Frauenarbeit zahlenmäßig auf eine Höhe gelangt wie nie zuvor. Das Verhältnis der jugendlichen Personen ist 1,4 : 1. Folgende Tabelle möge das Wachstum der weiblichen Fabrikarbeit in der Baumwollspinnerei veranschaulichen:

Erwachsene Gehilfen und Arbeiter.

In den Jahren	Zahl der Arbeiter w.	Zahl der Arbeiter m.	weibl. Personen v. H.	Verhältnis der Frauen zu den Männern
1849[1]	2966	3382	46,9	0,9 : 1
1856[1]	4777	4216	53,1	1,1 : 1
1875[2]	3581	2153	62,5	1,6 : 1
1895[2]	5353	3615	59,7	1,5 : 1
1907[2]	9386	5559	62,8	1,7 : 1

Eine weitere Tabelle zeigt die Entwicklung der Hauptbetriebe und der Zahlen für die Gehilfen und Arbeiter im Zeitraum von 1875 bis 1907.

Jahr	Zahl der Hauptbetriebe	Vermehrung v. H.	Gehilfen u. Arbeiter	Vermehrung v. H.	davon w. Pers.	Vermehrung v. H.
1875	241		7 577		4 507	
1895	262	8,7 } 36,5	10 187	34,4 } 122,7	5 976	32,6 } 133,4
1907	329	25,6	16 876	65,7	10 518	76,0

Die Wollspinnerei.

Der Maschinenbetrieb in der Wollspinnerei beginnt erst bedeutend später als in der Baumwollspinnerei; er hat den Maschinenbetrieb in der Baumwollspinnerei zur Voraussetzung. Außerdem hatte die Mode die Baumwollwaren stark bevorzugt, und englische Konkurrenz war nicht vorhanden; so hatte die Entwicklung zum Maschinenbetrieb gewissermaßen mehr Zeit als in der Baumwollspinnerei. Große fabrikartige Unternehmen hat es allerdings schon Ende des 18. und Anfang des 19. Jahrhunderts gegeben; in diesen aber herrschte das Spinnrad, das große holländische Rad. Wir hören von einem großen städtischen Spinnhaus in Bautzen, in das 1771 eine holländische Tuchmanufaktur gelegt wurde.[3] In der Manufaktur von Roch in Freiberg wurden 1803 eine Spinnmeisterin und 11 Spinner und außerdem in der Heimarbeit zusammen noch 63 Spinner beschäftigt. Die Wollhandspinnerei war ebenfalls ein uraltes Betätigungsgebiet der Frau gewesen. In der zweiten Hälfte des 18. Jahrhunderts aber war die Wollspinnerei allmählich ganz von der Baumwollspinnerei verdrängt worden. Erst nach der Kontinentalsperre machte

[1] Arbeiter über 14 Jahre und alle Betriebe.
[2] Arbeiter über 16 Jahre und nur Betriebe über 10 Arbeiter.
[3] Bökelmann, Aufkommen der Großindustrie im sächsischen Wollgewerbe. Heidelberg 1906. S. 46.

man verschiedene Versuche, die Schafwollspinnerei wieder einzuführen. Besonders wurde man durch die Notlage der Baumwollspinnerei im Vogtland und durch die große Not der Bevölkerung, die 1817 mit der Getreideteuerung ihren Höhepunkt erreichte, dazu angeregt. Man gründete verschiedene Spinnschulen usw. Allmählich nimmt die Wollspinnerei mehr und mehr an Bedeutung zu; ihr Hauptsitz wird wieder, wie vor der Verdrängung durch die Baumwollspinnerei, das Vogtland.

Zwar hören wir schon zeitig von einer Erfindung, die der Graf Rubini von Walterstein in Bezug auf die mechanische Schafwoll- und andere Spinnerei gemacht haben soll: diese Maschine könne 100 Fäden auf einmal spinnen und wickle das Gespinst zugleich auf Spulen; die Maschine würde durch ein einziges Hauptrad in Bewegung gesetzt, das ein einziger Mensch zu drehen imstande sei, der noch dazu blind sein könne; zur Richtung der Fäden sei ein Kind von 9—10 Jahren hinreichend.[1] Aber in der Meßrelation vom 6. Juli 1791 heißt es, daß Maschinen zum Spinnen der Schafwolle in Sachsen noch nicht eingeführt seien, dagegen würden solche in Frankreich mit großem Nutzen verwendet; die hiesigen Maschinen zum Spinnen der Baumwolle seien für Schafwolle nicht geeignet. Letzteres ist sicher der Hauptgrund, warum Maschinen zum Spinnen der Schafwolle verhältnismäßig spät aufkamen: die Technik mußte erst noch vervollkommnet werden, um brauchbare Wollspinnmaschinen herstellen zu können. 1799 wurde die mechanische Spinnerei zuerst in Sachsen und damit neben Preußen zuerst in Deutschland eingeführt, und zwar durch den Grafen von Einsiedel zu Wolkenburg. Aber noch lange behauptete die Handspinnerei, die eben erst durch Spinnschulen gefördert worden war, ihr Feld, besonders auf dem Lande. 1817 wurde eine Schafwollhandspinnerei und eine Spinnschule in Netzschkau mit einem staatlichen Zuschuß von 3000 Reichstalern errichtet.[2] Erwachsene und Kinder wurden im Spinnen, Kämmen und Auslesen der Wolle unterwiesen. Die gekämmte Wolle bekamen die Spinnerinnen, die von der Spinnlehrmeisterin unterwiesen wurden. Die Lehrmädchen bekamen keinen Lohn, nur 2 Pfund Brot täglich. Nach der Lehrzeit wurde ihnen Wolle in die Behausung mitgegeben. Sie bekamen für die Zahl Garn 3 Pf. Lohn, wovon sie $^1/_2$ Pf. an den Wollmeister abgeben mußten. Der Preis des Spinnrades wurde ebenfalls allmählich vom Lohn abgezogen. Im März 1818 sollen gegen 300 Menschen in der Wollspinnerei der Netzschkauer Gegend beschäftigt gewesen sein. Das Spinnrad hatte also noch eine überragende Bedeutung. Zur Zeit der größten Not waren 25 % der Einwohner des Vogtlandes hilfsbedürftig. In Netzschkau allein waren 1817 von 1100 Einwohnern gegen 150 Familien brotlos. Wie segensreich ist da die Einführung der Maschinenspinnerei gewesen, denn die Handspinnerei in den

[1] Hauptstaatsarchiv Dresden, Loc. 11126.
[2] Bein, a. a. O., S. 185 f.

Spinnschulen konnte nur ein vorübergehender Notbehelf sein. 1817 wurde die Streichgarn-Maschinenspinnerei in Reichenbach eingeführt, der erst 1825 die Maschinen-Kammgarnspinnerei folgte. Es war vor allem nötig gewesen, gute Vorbereitungsmaschinen für das Schlagen, Kämmen und Krempeln zu erfinden, um die Wolle für den eigentlichen Spinnprozeß geschmeidig zu machen. Nur langsam brach sich in der Wollspinnerei die verbesserte Technik Bahn. Früher wurde das Reinigen der Rohwolle, das Schlagen, Kämmen, Krempeln von den Tuchmachergesellen mit der Hand vorgenommen, später durch das zünftige Gewerbe der Wollschläger. Im Anfang des 19. Jahrhunderts wurde das Kämmen auch in den Spinnschulen gelehrt, und die Handkämmerei bestand noch bis etwa 1860. Das erste geschlossene Etablissement für Wollkämmerei wurde 1831 in Reichenbach gegründet.[1]

Langsam beginnen sich in den Akten der Landesökonomie- und Kommerziendeputation aus den Jahren 1808—1824 die Nachrichten von der Errichtung mechanischer Schafwollspinnereien zu mehren.[2] Ein gewisser Kunitz berichtet vom September 1808 an die Regierung, daß er eine Zuzupfmaschine (Vorreißmaschine) aufgestellt habe, die die Wolle zuzupfe und zur Krempel vorarbeite; ferner eine Krempelmaschine, die die Wolle zur Spinnmaschine geschickt mache, und zwei Spinnmaschinen. Die Wolle mußte aber vorher auf Spinnrädern erst zu groben Fäden vorgesponnen werden. Mit Hilfe von 4 Lohnmädchen, die sich bei ihm in Kost und Lohn befänden, liefere er täglich 16 Pfund wollenes Garn. Er beschäftige also sein Dienstgesinde mit einer neuen Art Spinnerei und könne so auch das darniederliegende Tuchmachergewerbe wieder heben. Die 4 Lohnmädchen spännen wöchentlich einen Zentner wollenes Garn, daher seien die Arbeitslöhne billiger und wohlfeiler als beim Handgespinst. In der Wollspinnerei hat kaum ein Zurückdrängen der Frauenarbeit durch die aufkommenden Maschinen stattgefunden, im Gegenteil, die Maschinenspinnerei hat der weiblichen Bevölkerung wie der Bevölkerung im allgemeinen einen neuen Nahrungszweig erschlossen. Das wird auch weiterhin durch Angaben in demselben Bericht bestätigt. Eine Kammwoll- und Flachsgarnspinnerei bei Zwickau sei deshalb zu begrüßen, um den armen Gebirgsbewohnern eine neue Quelle zu ihrer Nahrung zu erschließen. Durch das fragliche Unternehmen würden die Wollhandspinner nicht geschädigt, da feine Wolle und Flachs von ihnen nicht gesponnen würde. Feine wollene Zeugwaren wie Merinos, Bombassins, Schals usw. als Mitteltracht zwischen der Baumwoll-, Seiden- und Tuchwarenbekleidung für das schöne Geschlecht sei in fast allen Ländern der Erde mit seltenem Beifall aufgenommen worden und bilde einen Hauptzweig der sächsischen Handelsindustrie. Vom Jahre 1811 berichtet ein gewisser Heidel aus Dresden, er habe eine Wollmaschine aufgestellt

---

[1] **Bökelmann, a. a. O., S. 69.**
[2] **Hauptstaatsarchiv Dresden, Loc. 11154.**

und gewähre dadurch vielen armen Leuten Arbeit und Unterhalt. Von den Gebrüdern Eckhardt zu Großenhain wird nachgesucht, daß auch einige Stunden nach dem Gottesdienste in ihrer Fabrik gearbeitet werden dürfe, da die Spinnerei sehr von der Witterung und dem Wasser abhängig sei; außerdem müßten sonst viele Arbeiter feiern, und der Nahrungszustand von Großenhain und dortiger Gegend sei großenteils von dem guten Gedeihen und fortdauernden Umtriebe der Fabrik abhängig. Ein gewisser Opelt meldet 1819 aus Rochlitz, daß er eine Maschine zum Spinnen von Kammgarn erfunden habe; seit einem halben Jahre beschäftige er 20 Menschen. Aus einer Angabe einer Schafwollspinnerei in Oschatz vom Jahre 1821 erfahren wir, daß die Handspinnerei schon lange nicht mehr betrieben werde, und daß daher die Fabrik der Handspinnerei durchaus nicht den Arbeitslohn entziehe; dagegen gewähre diese Fabrik gegen 30 Menschen den Vorteil eines dauernden Erwerbs. In dieser Fabrik wurde folgende Arbeitsteilung durchgeführt. Am Triebwerk, das durch zwei Pferde in Gang gebracht wurde, war ein Arbeiter angestellt. Am Wolf war ebenfalls ein Arbeiter mit Reinigen und Vorbereiten der Wolle beschäftigt. Bei den Pelz- und Lockenmaschinen finden wir 3 erwachsene Arbeiter und 4 Kinder. Bei den 2 Vorspinnmaschinen sind 2 erwachsene Arbeiter und 6 Kinder beschäftigt; bei den 10 Feinspinnmaschinen 10 erwachsene Arbeiter; die 5 Haspeln beschäftigten 10 Mädchen. Wir finden hier wieder die Erscheinung, daß nur von erwachsenen Arbeitern einerseits und von Kindern und Mädchen andererseits die Rede ist. Sicher sind natürlich unter dem Begriff „erwachsene Arbeiter“ auch die beschäftigten Frauen verstanden. In der Wollspinnerei von Köhler in Schedewitz bei Zwickau waren mindestens einige 20 Personen beschäftigt und zwar, wie der Bericht ausdrücklich hervorhebt, meist weiblichen Geschlechts.

Die Ausbreitung der Maschinenspinnerei in damaliger Zeit darf aber nicht überschätzt werden; 1828 wurde z. B. die Schafwolle für Ölsnitz auf den Dörfern mit der Hand gesponnen.[1]

War 1817 die Maschinenspinnerei für Streichgarn in Reichenbach eingeführt worden, so gab es im Vogtland[2]

im Jahre	Maschinen-Streichgarnspinnereien
1828	7 (mit nur 2640 Spindeln)
1837	20 („ „ 6460 „)
1851	28
1856	36
1862	58
1868 } 1872 }	71

Davon wurden 1862 ein Drittel mit Dampf und zwei Drittel mit Wasser betrieben; 1868 fünf Sechstel mit Dampf. In ganz Sachsen

---

[1] Hauptstaatsarchiv Dresden, Loc. 11185.
[2] Gebauer, a. a. O., 3. Band, S. 40, 44ff.

gab es 1836/37: 102 Streichgarnspinnereien; 1846: 172 und 1861: 332. Die Selfaktormaschinen treten erst zwischen 1862 und 1868 auf. Kammgarnspinnereien gab es 1837 im Vogtland erst sechs mit nur 4788 Spindeln, 1856: 27. In ganz Sachsen waren 1836/37 erst 14 Kammgarnspinnereien vorhanden und 1861: 34 mit 86922 Handmulespindeln, 15836 Waterspindeln und nur 1864 Selfaktorspindeln. Diese Fabriken beschäftigten 1700 Arbeiter, einschließlich mechanischer Kämmerei 2500; davon waren nur 500 erwachsene Männer. Im ganzen waren in Sachsen im Jahre 1825 gegen 34 Wollspinnereien vorhanden; wenn auch ihre Zahl bis 1836/37 auf 116 Spinnereien (davon 102 Streichgarn- und 14 Kammgarnspinnereien) gestiegen ist und damit sogar die Zahl der Baumwollspinnereien um 3 überflügelt hat, so geht doch der Übergang zum Großbetrieb viel langsamer vor sich. Erst 1836 und 1838 wurden die ersten Dampfmaschinen für die Kammgarnspinnerei aufgestellt. Es waren vorhanden:

Dampfmaschinen für	1846	1856	1861
Kammgarnspinnerei und Kämmerei	7	24	28
Streichgarnspinnerei und Appretur von Streichgarnwaren	37	100	154

Noch 1895 z. B. treffen wir viele handwerksmäßige Betriebe, d. h. Hausindustrie, an, besonders in Crimmitschau.[1]

a) Die Streichgarnspinnerei.

Die Streichgarnspinnerei ist lange Zeit ein ausgesprochen städtisches Gewerbe gewesen. Das liegt wohl daran, daß sie zusammen mit der Tuchfabrikation betrieben wurde. Es kommt hinzu, daß das Mandat vom 29. Januar 1707 die Anlegung neuer Manufakturen und Fabriken auf den Dörfern nicht gestattete.[2] Hierauf beriefen sich auch die städtischen Spinnfabrikbesitzer in Oschatz, Döbeln und Leisnig im Jahre 1825, als sie Einspruch erhoben gegen die Umgestaltung einer Mahl- und Schneidemühle in Technitz bei Döbeln zu einer Wollspinnfabrik. Sie erklärten ferner, die Vervielfältigung der Schafwollspinnfabriken drücke sowieso nachteilig auf das Geschäft. Eine Fabrik auf dem Lande könne leicht mit den städtischen konkurrieren, da sie weniger Lasten und Abgaben zu tragen habe. Die Anlegung einer neuen Fabrik auf dem Lande sei im Interesse der armen Personen, die ihr Brot bei den städtischen Besitzern verdienen, nachteilig. Die Anlage einer Spinnfabrik gehöre zur städtischen Nahrung; auf dem Lande würden viele Bewohner der Landwirtschaft entzogen. Wir finden das charakteristische Moment bestätigt, daß die Betriebe in den Städten bedeutend kleiner sind als auf dem Lande — soweit Spinnereien in den nächsten zwei Jahrzehnten auf dem Lande ent-

[1] Bökelmann, a. a. O., S. 79.
[2] Hauptstaatsarchiv Dresden, Amtsgericht Döbeln Nr. 6.

standen — und der Frauenarbeit daher kein so großes Feld einräumen. 1846[1] gab es Maschinenspinnereien für

Wolle zu Streichgarn.

	Anstalten	Zahl der Arbeiter				
		unter 14 Jahren		über 14 Jahre		Überhaupt
		m.	w.	m.	w.	
Städte . . .	114	28	28	886	1149	2091
Land . . .	58	335	411	2447	4973	8166
Königreich .	172	363	439	3333	6122	10257

Lassen wir die Jugendlichen unter 14 Jahren außer Betracht — es zeigt sich dasselbe wie bei den Erwachsenen —, so sind in den Städten 2035 erwachsene Arbeiter in der Streichgarnspinnerei beschäftigt; die weiblichen Personen sind dabei mit 56,5% beteiligt. Auf eine Spinnerei kommen 18,8 erwachsene Arbeiter. Auf dem Lande sind 7420 erwachsene Arbeiter tätig; die weiblichen Personen machen hier 67% aus; auf eine Spinnerei kommen 128 erwachsene Arbeiter. Für das gesamte Königreich ergeben sich 9455 erwachsene Arbeiter, wovon 64,7% Frauen sind; das Verhältnis ist 1,8 : 1.

Seit etwa 1850 wird die Vigognespinnerei in Crimmitschau, Werdau und Umgegend als Spezialität betrieben.[2] 1861 waren 332 Streichgarnspinnereien, einschließlich Vigognespinnerei, vorhanden. Ihre Zahl hat seit 1849 um 93% zugenommen. Die Arbeiterzahl ist aber auf 6652 gefallen (sogar einschließlich der Kinder), und zwar 3263 männliche Arbeiter und 3389 weibliche Arbeiter, d. h. die Arbeiterzahl hat um 35% abgenommen. Die Zahl der männlichen Arbeiter ist um 12% gefallen, die der weiblichen Arbeiter sogar um 48%. Die Frauen machen nur noch 51% aller Arbeiter aus; das Verhältnis ist 1,04 : 1. Die Vermehrung der Fabriken muß daher ausschließlich kleineren Anstalten zugute gekommen sein. Aus der Zeitschrift des Statistischen Bureaus vom Jahre 1877 geht hervor, daß an den Krisen 1873—1875 auch die Streichgarnspinnerei stark beteiligt war. Noch am wenigsten lag 1875 die Vigognespinnerei darnieder. Vielfach — und dies gilt für die Schafwollspinnerei im allgemeinen — wurde in den kleineren Spinnereien, deren es eine sehr große Zahl gab, die Arbeitszeit eingeschränkt; dagegen waren die größeren ununterbrochen beschäftigt.[3]

Im ganzen gab es 1875 in der Streichgarn- und Vigognespinnerei und -weberei 2628 Hauptbetriebe, wovon aber 2333 Kleinbetriebe waren.[4] Die Streichgarnspinnereien sind um diese Zeit noch zum

[1] Übersicht der Gewerbe im Königreich Sachsen nach der Zählung am 3. Dezember 1846. — Mitteilungen des Statistischen Vereins für das Königreich Sachsen, 1849, S. 48.

[2] „Sächsische Textil-Industrie und ihre Bedeutung." Bericht anläßlich der Columbischen Weltausstellung in Chicago, 1893, S. 15.

[3] Zeitschrift des Kgl. Sächs. Statistischen Bureaus 1877, S. 75.

[4] Zeitschrift des Kgl. Sächs. Statistischen Bureaus 1877, S. 166.

großen Teil mit Webereien verbunden. Die Zahl der Arbeiter in den 322 Fabrikbetrieben (einschließlich 27 Nebenbetrieben) verteilt sich wie folgt:

über 16 Jahre		14—16 Jahre		12—14 Jahre		zusammen[1]	
m.	w.	m.	w.	m.	w.	m.	w.
4983	4172	669	786	909	774	6626	5762

Von einer Abnahme der Kinderarbeit wie in der Baumwollspinnerei ist hier in demselben Zeitraum keine Rede; im Gegenteil, es stehen 1875 über 1600 Kinder von 12—14 Jahren 8000 Kindern des Jahres 1849 gegenüber. Woraus dies zu erklären ist, ist schwer zu entscheiden. Mag sein, daß die Streichgarnspinnerei viele Kinder im Alter von 12—14 Jahren beschäftigte, für die das Kinderschutzgesetz nicht so stark maßgebend war wie für Kinder unter 12 und unter 10 Jahren. In der Baumwollspinnerei scheinen vor 1869 viele Kinder unter 12 und 10 Jahren beschäftigt gewesen zu sein.

Im ganzen waren in den 322 Großbetrieben der Streichgarn- und Vigognespinnerei und -weberei 12388 Arbeiter tätig. Auf eine Spinnerei kommen 38,5 Arbeiter, und zwar 17,9 weibliche Arbeiter und 20,6 männliche; das Verhältnis ist 0,9 : 1. 1849 kamen auf eine Spinnerei 59,6 Arbeiter, und zwar 38,1 weibliche und 21,5 männliche Arbeiter. Wir finden hier bestätigt, daß die Großbetriebe stark abgenommen haben und dies bedingte ebenfalls ein Zurückdrängen der Frauenarbeit. Die Zahl der Arbeiter über 16 Jahre ist jetzt sogar größer als die der Arbeiterinnen. Das Verhältnis der weiblichen Arbeiter zu den männlichen Arbeitern über 16 Jahre ist 0,8 : 1, das Verhältnis der jugendlichen Arbeiter von 14—16 Jahren 1,2 : 1. Da für jugendliche Personen über 14 Jahre keine wesentlichen Schutzgesetze eingeführt sind[2], so können wir die Arbeiter von 14—16 Jahren und über 16 Jahre zusammenfassen, ohne das Bild sehr zu verändern; wir erhalten 4958 Arbeiterinnen und 5652 Arbeiter. Die Zahl der männlichen Arbeiter überwiegt also noch ziemlich bedeutend; das Verhältnis ist 0,9 : 1. Wir haben hier die gleiche Erscheinung wie in der Baumwollspinnerei: in den ersten 50 Jahren der Entwicklung einer neuen Spinnereiart zum Großbetrieb überwiegt die Männerarbeit, zum mindesten ist das Verhältnis schwankend.

Für 1882 fehlen genügende Angaben. Ferner werden in den folgenden Berufs- und Gewerbezählungen die Wollspinnereien (Streichgarn- und Kammgarnspinnerei) zusammengefaßt und nur von den Vigognespinnereien getrennt. Wir müssen daher zunächst die Entwicklung der Kammgarnspinnerei bis 1895 verfolgen.

[1] Einschließlich der Kinder unter 12 Jahren.

[2] In dem Kinderschutzgesetz vom Jahre 1869 wird für jugendliche Personen von 14—16 Jahren eine Maximalarbeitszeit von 10 Stunden gefordert; für Kinder unter 13 bzw. 14 Jahren eine Maximalarbeitszeit von 6 Stunden.

b) Die Kammgarnspinnerei.

Die Kammgarnspinnerei ist verhältnismäßig jung in Sachsen; 1829 wurde die erste in Pfaffendorf gegründet.[1] Das hatte vor allem seinen Grund in der noch wenig vervollkommneten Technik der Vorarbeiten zur eigentlichen Spinnerei. Die mechanische Kämmerei z. B. wurde erst 1843 in Sachsen eingeführt. Es gab im Jahre 1846[2] Maschinenspinnereien für

Wolle zu Kammgarn.

	Anstalten	Zahl der Arbeiter				
		unter 14 Jahren		über 14 Jahre		Überhaupt
		m.	w.	m.	w.	
Städte . . .	14	16	6	132	140	294
Land . . .	25	30	55	1051	1260	2396
Königreich .	39	46	61	1183	1400	2690

Die Tabelle lehrt, daß 1849 auf dem Lande fast noch einmal so viel Spinnereien vorhanden waren als in den Städten. Dies wird zum Teil daran liegen, daß besonders im Vogtland viele Baumwollspinnereien, die 1849 auf dem Lande sehr zahlreich vertreten waren, zu Wollspinnereien übergingen.

Auf eine Spinnerei kommen in den Städten 19,4 erwachsene Arbeiter über 14 Jahre, auf dem Lande 84,4. Auf dem Lande herrscht also der Großbetrieb. Demnach sind auch in den Städten die erwachsenen Frauen mit nur 51,5 % beteiligt; auf dem Lande dagegen mit 54,5 %. In den 39 Kammgarnspinnereien des Königreiches sind 1400 weibliche erwachsene Arbeiter und 1183 männliche erwachsene Arbeiter beschäftigt, also 54,2 % weibliche Arbeiter; das Verhältnis ist 1,2 : 1. Einschließlich der Kinder sind 1461 weibliche und 1229 männliche Arbeiter beschäftigt, oder 54,3 % weibliche Arbeiter; das Verhältnis ist ebenfalls 1,2 : 1.

1861[3] waren 34 Kammgarnspinnereien vorhanden, die etwa 1700 Arbeiter beschäftigten. Einschließlich der Kämmerei sind etwa 2500 Arbeiter in den Kammgarnspinnereien tätig, von denen aber nicht mehr als 500 erwachsene Männer sind. In 39 Kammgarnspinnereien (einschließlich 5 selbständigen mechanischen Kämmereien) sind 1861: 2872 Arbeiter beschäftigt, davon 926 männliche und 1946 weibliche Arbeiter, das sind 67,7 % weibliche Arbeiter; das Verhältnis ist 2,1 : 1. Während die männlichen Arbeiter an Zahl bei gleichbleibender Anzahl der Fabriken gesunken sind, hat sich die Frauenarbeit um 13,4 % vermehrt.

---

[1] Zeitschrift des Kgl. Sächs. Statistischen Bureaus 1863, S. 32.

[2] Übersicht der Gewerbe im Königreich Sachsen nach der Zählung am 3. Dezember 1846. — Mitteilungen des Statistischen Vereins für das Königreich Sachsen 1849, S. 48.

[3] Zeitschrift des Kgl. Sächs. Statistischen Bureaus 1863, S. 33 u. 63.

Ebenso wie die Streichgarnspinnerei ist die Kammgarnspinnerei besonders im Handelskammerbezirk Plauen eingeführt.[1] Von 1862 ist die Zeit für die vogtländische Kammgarnspinnerei günstig gewesen. Während der Kriegsjahre entsteht naturgemäß eine ungünstige Lage, die 1871 von einer sehr guten Periode abgelöst wird, die, wie in anderen Zweigen auch, zu Überstürzungen und zur Krise von 1873/74 führt. Erst 1878 tritt wieder eine Besserung ein, die bis Ende der 80er Jahre anhält. 1889 muß sogar wieder Nachtarbeit eingeführt werden wegen großer Beschäftigung. Im Handelskammerbezirk Chemnitz ist die Entwicklung ganz ähnlich gewesen.

1875[2] sind 137 Hauptbetriebe vorhanden, von denen aber 82 Kleinbetriebe sind. In 66 Fabrikbetrieben (mit über 5 Gehilfen), einschließlich 11 Nebenbetriebe, waren beschäftigt:

über 16 Jahre		14—16 Jahre		12—14 Jahre		zusammen[3]	
m.	w.	m.	w.	m.	w.	m.	w.
1181	2535	202	398	174	138	1569	3078

Von einer Abnahme der Kinderarbeit seit 1849 ist hier ebenfalls keine Rede, nur muß bemerkt werden, daß die Zahl der männlichen Kinder rascher zugenommen hat als die der weiblichen und diese überflügelt hat. Im ganzen sind in den 66 Fabrikbetrieben 3078 weibliche und 1569 männliche Arbeiter beschäftigt, das sind 66,2 % weibliche Arbeiter; das Verhältnis ist 1,9 : 1. Auf einen Fabrikbetrieb kommen 70,4 Arbeiter, und zwar 46,6 weibliche und 23,8 männliche Arbeiter. Die Frauenarbeit hat bedeutend mehr zugenommen als die Männerarbeit, wenn auch relativ gegen 1861 eine kleine Abnahme der Frauenarbeit stattgefunden hat. Das Verhältnis der erwachsenen weiblichen Personen über 16 Jahre zu den erwachsenen männlichen Personen ist 2,1 : 1, das der jugendlichen Arbeiter von 14—16 Jahren 1,9 : 1. Von Anfang an hat also in der Kammgarnspinnerei die Zahl der weiblichen Arbeiter überwogen.

c) Die Vigognespinnerei seit 1895.

Die Vigognespinnerei wurde 1895 hauptsächlich in Werdau und Crimmitschau betrieben, und zwar in 69 Fabriken. Alle Gewerbebetriebe beschäftigten 5378 weibliche und 2297 männliche Arbeiter, zusammen also 7675 Arbeiter;[4] die weiblichen Arbeiter nahmen daran mit 70,0 % teil; das Verhältnis ist 2,3 : 1. Auf eine Spinnerei kamen 111,2 Arbeiter. Die Zahl der Arbeiter über 16 Jahre betrug in den Fabrikbetrieben als Hauptbetriebe:[5]

[1] Gebauer, a. a. O., 3. Band, S. 64.
[2] Zeitschrift des Kgl. Sächs. Statistischen Bureaus 1877, S. 166.
[3] Einschließlich der Kinder unter 12 Jahren.
[4] Zeitschrift des Kgl. Sächs. Statistischen Bureaus 1898, S. 137 u. 143.
[5] Ebenda, S. 165ff.

11—20 Pers.		w. Pers. v. H.	21—100 Pers.		w. Pers. v. H.	101—500 Pers.		w. Pers. v. H.
m.	w.		m.	w.		m.	w.	
46	153	76,9	734	1784	17,8	985	2545	72,1

Eigenartigerweise weisen hier die kleineren Fabrikbetriebe die höchste Prozentzahl der Frauenarbeit auf; dann folgen die Großbetriebe mit 101—500 Personen und dann die mittleren Betriebe mit 21 bis 100 Personen. Ob dies Zufall ist oder ob dies durch andere Umstände bedingt ist, läßt sich nicht ohne weiteres entscheiden. Zusammengenommen stehen 1895 in den Fabrikbetrieben 4482 Arbeiterinnen 1765 Arbeitern über 16 Jahre gegenüber, das sind 71,7 % Arbeiterinnen; das Verhältnis ist 2,5 : 1.

Die Berufs- und Betriebszählung vom Jahre 1907 enthüllt folgendes Bild.[1] Im ganzen sind in 79 Hauptbetrieben 4514 weibliche und 1474 männliche Arbeiter beschäftigt, die Arbeiterinnen sind mit 75,4 % beteiligt; das Verhältnis ist 3,1 : 1. Die weibliche Berufstätigkeit ist hier auffallend hoch. Auf eine Spinnerei kommen 63,7 Arbeiter. Obwohl die Größe der Betriebe gegen 1895 abgenommen hat, machen die weiblichen Arbeiter doch 75,4 % gegen 70,0 % im Jahre 1895 aus. Die Frauenarbeit ist also relativ gestiegen. Die Verteilung innerhalb der Betriebsstätten der Hauptbetriebe gestaltet sich wie folgt:[2]

11—50 Arbeiter

über 16 Jahre		14—16 Jahre		zusammen		weibl. Arbeiter v. H.	weibl. Arbeiter über 16 J. v. H.
m.	w.	m.	w.	m.	w.		
130	354	26	46	156	400	71,9	73,1

51—200 Arbeiter

über 16 Jahre		14—16 Jahre		zusammen		weibl. Arbeiter v. H.	weibl. Arbeiter über 16 J. v. H.
m.	w.	m.	w.	m.	w.		
988	3189	188	439	1176	3628	75,5	76,3

201—1000 Arbeiter

über 16 Jahre		14—16 Jahre		zusammen		weibl. Arbeiter v. H.	weibl. Arbeiter über 16 J. v. H.
m.	w.	m.	w.	m.	w.		
124	427	14	55	138	482	77,7	77,5

Auch hier sehen wir, daß die jugendlichen weiblichen Arbeiter einen geringeren Prozentsatz ausmachen als die weiblichen Arbeiter

[1] Zeitschrift des Kgl. Sächs. Statistischen Landesamtes 1910, S. 28 u. 34f.
[2] Ebenda, S. 86ff.

überhaupt. Den größten Prozentsatz stellen hier die Arbeiterinnen nicht mehr in den Kleinbetrieben, sondern ihre Zahl steigt mit der Größe der Fabriken. Wahrscheinlich hängt dies mit den besseren Lohnverhältnissen in den mittleren und größten Betrieben zusammen und vielleicht auch mit der besseren Technik in diesen Betrieben. Die Summe aller Personen über 14 Jahre in diesen Betrieben beträgt:

m.	w.	weibl. Pers. v. H.	davon jugendl. männl. Pers.	davon jugendl. weibl. Pers.	jugendl. weibl. Pers. v. H.
1470	4510	75,4	228	540	70,3

Es stehen 4510 weibliche Arbeiter über 14 Jahre 1470 männlichen Arbeitern gegenüber, das sind 75,0 % weibliche Arbeiter; das Verhältnis ist 3,1 : 1; das der jugendlichen Arbeiter 2,4 : 1. Folgende Tabelle möge das Anwachsen der Frauenarbeit in den Fabrikbetrieben der Vigognespinnerei veranschaulichen:

Erwachsene Arbeiter über 16 Jahre.

Jahre	w.	m.	weibl. Pers. v. H.	Verhältnis der weiblichen Arbeiter zu den männlichen
1895	4482	1765	71,7	2,5 : 1
1907	3970	1242	76,2	3,2 : 1

Obwohl die Arbeiterzahl im ganzen gesunken ist, hat die Zahl der männlichen Arbeiter bedeutend mehr abgenommen als die der weiblichen Arbeiter.

d) Die Wollspinnerei (ohne Vigognespinnerei) seit 1895.

In der Wollspinnerei sind 1895[1] zusammen 11927 Arbeiter beschäftigt gewesen, davon 7657 weibliche und 4270 männliche Arbeiter, das sind 64,2 % weibliche Arbeiter; das Verhältnis ist 1,8 : 1. Die Zahl der beschäftigten Arbeiter über 16 Jahre betrug in den Fabrikbetrieben als Hauptbetriebe:[2]

Betriebe mit . . . Personen

11—20			21—100			101—500			501 u. mehr		
m.	w.	w. Arb. v. H.	m.	w.	w. Arb. v. H.	m.	w.	w. Arb. v. H.	m.	w.	w. Arb. v. H.
362	323	47,2	1023	1222	54,4	1250	3152	71,6	829	1953	70,2

Die Betriebe mit 101—500 Personen weisen den höchsten Prozentsatz an Arbeiterinnen auf. Auch hier sind es also wieder nicht die

[1] Zeitschrift des Kgl. Sächs. Statistischen Bureaus 1898, S. 137.
[2] Ebenda, S. 164ff.

größten Betriebe, die die relativ höchste Zahl an Arbeiterinnen beschäftigen, sondern die mittleren Großbetriebe. Im ganzen stehen 6650 Arbeiterinnen über 16 Jahre 3464 männlichen Arbeitern gegenüber, das sind 65,8 % weibliche Arbeiter; das Verhältnis ist 1,9 : 1.

Die Berufs- und Betriebszählung vom 12. Juni 1907[1] ergab in 114 Hauptbetrieben 12002 weibliche und 4311 männliche Arbeiter, das sind 73,6 % weibliche Arbeiter; das Verhältnis ist 2,8 : 1. Auf eine Spinnerei kommen 125,5 Arbeiter. Die Verteilung innerhalb der Betriebsstätten der Fabrikbetriebe als Hauptbetriebe gestaltet sich wie folgt:[2]

Betriebe mit 11—50 Personen

über 16 Jahre		14—16 Jahre		zusammen		weibl. Arbeiter v. H.	weibl. Arbeiter über 16 J. v. H.
m.	w.	m.	w.	m.	w.		
703	1371	176	144	879	1515	63,3	66,1

Betriebe mit 51—200 Personen

über 16 Jahre		14—16 Jahre		zusammen		weibl. Arbeiter v. H.	weibl. Arbeiter über 16 J. v. H.
m.	w.	m.	w.	m.	w.		
972	2308	156	204	1128	2512	69,0	70,4

Betriebe mit 201—1000 Personen

über 16 Jahre		14—16 Jahre		zusammen		weibl. Arbeiter v. H.	weibl. Arbeiter über 16 J. v. H.
m.	w.	m.	w.	m.	w.		
1427	4924	293	522	1720	5446	75,9	77,5

Betriebe mit über 1000 Personen

über 16 Jahre		14—16 Jahre		zusammen		weibl. Arbeiter v. H.	weibl. Arbeiter über 16 J. v. H.
m.	w.	m.	w.	m.	w.		
450	2260	64	176	514	2436	82,6	83,4

Hier nimmt die Frauenarbeit mit der Größe der Betriebe gewaltig zu, was sehr wahrscheinlich mit der vervollkommneten Technik in den größten Betrieben zusammenhängt. Die Summe aller Personen über 14 Jahre in diesen Betrieben beträgt:

m.	w.	weibl. Pers. v. H.	davon jugendl. männl. Pers.	davon jugendl. weibl. Pers.	jugendl. weibl. Pers. v. H.
4241	11909	73,7	689	1046	60,3

Das Verhältnis aller weiblichen Arbeiter zu den männlichen ist 2,8 : 1; das der jugendlichen weiblichen Personen zu den jugend-

[1] Zeitschrift des Kgl. Sächs. Statistischen Landesamtes 1910, S. 28 u. 34f.
[2] Ebenda, S. 86ff.

lichen männlichen Personen 1,5 : 1. Es sei zum Vergleich noch folgende Tabelle aufgezeichnet:

Erwachsene Arbeiter über 16 Jahre in den Großbetrieben.

Jahre	w.	m.	weibl. Pers. v. H.	Verhältnis der weiblichen Arbeiter zu den männlichen
1895	6650	3464	65,8	1,9 : 1
1907	10868	3552	75,4	3,1 : 1

Mit dem Anwachsen der Arbeiterzahl im ganzen hat die Frauenarbeit um so bedeutender zugenommen.

Die Flachsspinnerei.

Erst durch die englische Konkurrenz aufgerüttelt, die man sich nicht wieder so über den Hals wachsen lassen wollte, wie das bei der mechanischen Baumwollspinnerei der Fall gewesen war, machte man auch in Sachsen allmählich Versuche, die mechanische Flachsspinnerei einzuführen. Die Leinenindustrie ist ein sehr altes Betätigungsgebiet der Frauen; die Frauen verarbeiteten den Flachs für den häuslichen Bedarf. Mehr und mehr blieb die Beschäftigung der Frauen auf das Spinnen beschränkt, während sich der Mann mehr der Weberei, Bleicherei und Färberei zuwandte. Als Hausgewerbe ging es Anfang des 19. Jahrhunderts zurück; jetzt ist es völlig verschwunden.[1] Aber die Handspinnerei hat noch lange neben der mechanischen Flachsspinnerei bestanden; zum Teil war die Produktion für den eigenen Bedarf berechnet, teils war sie in den Gegenden zu Hause, wo die eigentliche Leinweberei verbreitet war, z. B. noch 1863 im Handelskammerbezirk Dresden. Auch in der Lausitz war die Handspinnerei für Flachs in den 60er Jahren des vorigen Jahrhunderts ziemlich verbreitet. Der Verdienst betrug täglich nur 20 Pf. In den wendischen Dörfern war es 1880 noch üblich, daß das Gesinde als Teil des Lohnes Flachsbeete bekam. 1884 war auch hier die Handspinnerei fast völlig verschwunden.[2] In welcher traurigen Lage die hausgewerblichen Spinner gewesen sein mögen, können wir uns jetzt im Fabrikzeitalter kaum vorstellen. Vielfach wurde geklagt, daß die gesponnenen Garne an Aufkäufer verkauft wurden, die sie nach Böhmen schafften; die Dorfbewohner sollten daher die Garne auf den Wochenmarkt bringen. Dem wird aber entgegengehalten, es sei dem armen Händler, der sich mit nichts als der Spille ernähren könnte, unmöglich, seine Garne bis auf den Wochenmarkt aufzuheben. Wenn das Garn zu Markte gebracht würde, so könnten die Leineweber etliche Wochen keines abkaufen und so das Garn, das arme Witwen und Waisen mühsam ersponnen hätten, billig ab-

[1] Oppel, Die deutsche Textilindustrie. Leipzig 1912. S. 61ff.
[2] Gebauer a. a. O., 3. Band, S. 212.

drücken.[1] Es ist auch weiterhin in dem Bericht häufig von den armen Spinnern die Rede, die nicht weit auf den Markt gehen könnten.

Der Flachs hatte am längsten dem Verspinnen mit der Maschine widerstrebt, und erst 1810 wurde in Frankreich die Flachsspinnmaschine erfunden. Auf dem Umwege über Österreich kam sie nach Sachsen. Begünstigt wurde die Einführung der mechanischen Flachsspinnerei durch die schlechte Lage der Baumwollspinnerei. Im zweiten Jahrzehnt des 19. Jahrhunderts entstand die erste Maschinenflachsspinnerei der Gebrüder Krause in Wolkenburg. Da aber böhmisches Handgespinst bald in Menge nach Sachsen kam und in Südamerika, wohin viele Geschäfte gemacht worden waren, ein hoher Zoll auf leinene Strümpfe gelegt wurde, ging diese Spinnerei schon 1827 wieder ein.[2] Mit der Anlegung neuer mechanischer Flachsspinnereien hoffte man auch die Flachskultur zu heben, die namentlich in der Lausitz früher in großer Blüte gestanden hatte, mit dem Untergang der Handspinnerei aber ebenfalls mehr und mehr verschwunden war; nur im Erzgebirge waren die Landwirte zum Teil der alten Sitte treu geblieben, das Garn zu einem Teil des Leinwandbedarfes in der eigenen Wirtschaft zu erzeugen.[3] Auch die Gebrüder Bernhard in Harthau, die dort eine Baumwollspinnerei betrieben, scheinen sich um die mechanische Flachsspinnerei verdient gemacht und zum Teil Neuerungen erfunden zu haben. Aus den Akten geht hervor,[4] daß sie 1814 ihre Maschinenflachsspinnerei vervollkommnet haben. 1820 berichtet Bernhard, er habe die Maschinen so verbessert, daß jetzt die Handarbeit von etwa 59 erwachsenen Weibspersonen erspart werde; 29 Personen, und zwar zum großen Teil Kinder, könnten jetzt zweimal soviel spinnen als vorher 864 Erwachsene. Eine eigentliche Fabrik für Maschinenflachsspinnerei wurde von den Gebrüdern Bernhard anscheinend erst 1822 errichtet, denn es heißt in denselben Akten („Die Maschinenspinnerei auf Flachs in hiesigen Landen betr.“, 1814—1826) vom Jahre 1824, die Maschinenspinnerei auf Flachs der Gebrüder Bernhard habe sich in den zwei Jahren ihres Bestehens mächtig entwickelt und gebe vielen armen Personen Beschäftigung. Sie scheint jedoch nicht sehr lange bestanden zu haben, denn die Gewerbe- und Personalsteuerkataster für 1836 und 1837 geben keine Maschinenflachsspinnerei an.[5] In den Ausstellungsberichten von 1831 und 1834 heißt es: In der Bereitung des Rohflachses hat sich Sachsen das verbesserte Verfahren, welches namentlich in Braunschweig, den Niederlanden usw. angewendet wird, noch nicht zu eigen gemacht. Ebenso steht ersteres hinter dem Auslande in der Halbfabrikation der Flachsspinnerei zurück. Zwar beschäftigen diese in der Ober-

[1] Hauptstaatsarchiv Dresden, Loc. 11098.

[2] Wieck a. a. O., S. 243.

[3] Aus dem: Prospectus des Akzien-Vereins zur Anlegung und zum Betriebe einer Maschinenflachsspinnerei in der Gegend von Zittau, 1. Juni 1837. Angeführt bei Wieck a. a. O., S. 246.

[4] Hauptstaatsarchiv Dresden, Loc. 11157.*

[5] Mitteilungen des Statistischen Vereins für das Königreich Sachsen 1837, S. 34ff.

lausitz in den Gerichtsbezirken Purschenstein, Pfaffroda und dortiger Umgegend, auch in und bei Colditz zahlreiche Hände; aber gewiß werden jährlich noch gegen 10000 Zentner leinenes Garn, hauptsächlich aus Schlesien, der preußischen Oberlausitz und Böhmen eingeführt, während Tausende, die sich sonst, namentlich im Vogtlande und Erzgebirge, von der Handspinnerei, früher der Baumwolle, zuletzt, wiewohl schon in verminderter Zahl, der Kammwolle nährten, in der Flachsspinnerei Ersatz für den Verlust jener Erwerbszweige finden könnten. Es heißt weiter: Daß auch die leinenen Garne in demselben Verhältnis im Preise gestiegen sind, liegt in der Natur der Sache, und die Klagen über den Mangel an diesen Garnen haben auch im Jahre 1835 eher zu- als abgenommen. Es erklärt sich letzterer, nächst der verminderten Erzeugung des Urstoffes, zugleich aus den niedrigen Spinnlöhnen, zu welchen der Fabrikant genötigt ist, wenn er nicht in der Konkurrenz zurückstehen will, so daß nur solche Hände, denen weder Kraft noch Geschick, noch Gelegenheit zu einem reichlichen Erwerb zu Gebote steht, diese spärlich lohnende Beschäftigung ergreifen. Während nun auf dem Lande die Frauen und Mägde der Begüterten in den Winterabenden meist nur den eigenen Hausbedarf erspinnen, nimmt die Zahl der eigentlichen Lohnspinner in eben dem Grade ab, als sich durch das regere Leben in anderen Fabrikzweigen, besonders in der Baumwollfabrikation, Gelegenheit zu höherer Verwertung ihrer Kräfte darbietet.[1]

Erst 1845 wurde eine neue Flachsspinnerei in Hirschfelde gegründet, die 1846 mit 11 erwachsenen männlichen Arbeitern angegeben wird.[2] Später beschäftigte diese Fabrik sehr viele Frauen und Mädchen, die zum Teil aus Böhmen und Preußen stammten, da die weiblichen Arbeiter Sachsens lieber in der Hausindustrie blieben. Besonders in den 60er und 70er Jahren herrschte großer Mangel an weiblichen Arbeitskräften, da diese sich der wiederaufblühenden Spitzenklöppelei und dem Posamentieren zuwandten. Die Klöppelei zahlte 2—2,50 Mark Tagelohn für Arbeiterinnen; die Flachsspinnerei nur bis 1,50 Mark. Auch 1883 verdiente eine Akkordspinnerin und Weiferin bei 12stündiger Arbeitszeit nur 1,20—1,40 Mark täglich. 1861 waren drei Flachs-, Hanf- und Wergspinnereien in Sachsen vorhanden, die 624 weibliche und 414 männliche Arbeiter beschäftigten, d. h. 60,0% weibliche Arbeiter; das Verhältnis ist 1,5 : 1. Auf eine Spinnerei kommen 346 Arbeiter, was eine außerordentliche Größe der Betriebe bedeutet; trotzdem sind die weiblichen Arbeiter nicht mit einem auffallend hohen Prozentsatz beteiligt. Es bestanden außerdem noch fünf Bereitungsanstalten (Hechelei usw.) mit 114 weiblichen und 90 männlichen Arbeitern. Da in den folgenden amtlichen Statistiken diese beiden Betriebsarten — die Hechelei und die Spinnerei — zusammengefaßt sind, so müssen

---

[1] Wieck a. a. O., S. 253f.

[2] Gewerbestatistik von 1846; Statistische Mitteilungen aus dem Königreich Sachsen 1854. Einleitung, S. 24.

wir sie hier ebenfalls vereinigen. In den 8 Hecheleien und Spinnereien sind zusammen 1242 Personen beschäftigt; auf eine Anstalt entfallen durchschnittlich 155,3 Arbeiter. Die weiblichen Arbeiter sind mit 59,4 % beteiligt; das Verhältnis ist 1,5 : 1. 1875[1] gab es 83 Hauptbetriebe für Flachshechelei und -spinnerei, wovon aber 52 Kleinbetriebe waren. In den 40 Fabrikbetrieben (einschließlich 9 Nebenbetriebe) waren beschäftigt:

Arbeiter

über 16 Jahre		14—16 Jahre		12—14 Jahre		zusammen[2]	
m.	w.	m.	w.	m.	w.	m.	w.
817	1221	181	218	215	206	1217	1648

Im ganzen sind in den 40 Großbetrieben 2865 Arbeiter beschäftigt; auf eine Spinnerei kommen 71,6 Arbeiter. Auch hier hat der Großbetrieb stark abgenommen, denn 1861 kamen noch 155,3 Arbeiter auf eine Spinnerei. Der Prozentsatz der weiblichen Arbeiter beträgt 57,5 %; das Verhältnis ist 1,4 : 1. Die Beteiligung der weiblichen Arbeiter ist gegen 1861 prozentual gesunken. Das Verhältnis der weiblichen Arbeiter über 16 Jahre zu den männlichen Arbeitern ist 1,5 : 1, das der jugendlichen Personen 1,2 : 1.

Bis 1895[3] bleibt die Arbeiterzahl ziemlich dieselbe; es sind 2826 Arbeiter, wovon 1897, d. h. 67,1 %, weibliche Personen sind. Das Verhältnis der weiblichen Arbeiter zu den männlichen ist 2,0 : 1. Die Zahl der erwachsenen Arbeiter über 16 Jahre betrug in den Fabrikbetrieben als Hauptbetriebe:[4]

Betriebe mit . . . Personen

11—20			21—100			101—500			501 u. mehr		
m.	w.	w. Arb. v. H.	m.	w.	w. Arb. v. H.	m.	w.	w. Arb. v. H.	m.	w.	w. Arb. v. H.
11	47	81,0	26	421	94,2	304	589	65,9	509	652	56,2

Hier tritt uns wieder die Erscheinung entgegen, daß in den mittleren Fabrikbetrieben verhältnismäßig die meisten Arbeiterinnen beschäftigt werden; in diesem Falle in den Betrieben mit 21—100 Arbeitern. Im ganzen wurden in diesen Betrieben 1709 weibliche und 850 männliche Arbeiter beschäftigt, d. h. 66,8 % weibliche Arbeiter; das Verhältnis ist 2,0 : 1.

Lassen wir noch die Berufs- und Betriebszählung vom Jahre 1907 sprechen. In 23 Hauptbetrieben sind im ganzen 1533 weibliche und 797 männliche Arbeiter beschäftigt gewesen, d. h. 65,8 %

---

[1] Zeitschrift des Kgl. Sächs. Statistischen Bureaus 1877, S. 166f.
[2] Einschließlich Kinder unter 12 Jahren.
[3] Zeitschrift des Kgl. Sächs. Statistischen Bureaus 1898, S. 137.
[4] Ebenda, S. 164ff.

weibliche Arbeiter; das Verhältnis ist 1,9 : 1. Auf eine Spinnerei kamen 83,2 Arbeiter. Innerhalb der Betriebsstätten der Fabrikbetriebe als Hauptbetriebe verteilten sich die Arbeiter wie folgt:[1]

Betriebe mit 11—50 Personen

über 16 Jahre		14—16 Jahre		zusammen		weibl. Arbeiter v. H.	weibl. Arbeiter über 16 J. v. H.
m.	w.	m.	w.	m.	w.		
1	10	—	—	1	10	90,9	90,9

Betriebe mit 51—200 Personen

über 16 Jahre		14—16 Jahre		zusammen		weibl. Arbeiter v. H.	weibl. Arbeiter über 16 J. v. H.
m.	w.	m.	w.	m.	w.		
102	371	13	24	115	395	77,5	78,5

Betriebe mit 201—1000 Personen

über 16 Jahre		14—16 Jahre		zusammen		weibl. Arbeiter v. H.	weibl. Arbeiter über 16 J. v. H.
m.	w.	m.	w.	m.	w.		
631	1044	39	69	670	1113	62,4	62,3

Auch hier weisen die kleineren und mittleren Fabrikbetriebe den höchsten Prozentsatz der Frauenarbeit auf. Die Summe aller Arbeiter über 14 Jahre betrug:

m.	w.	weibl. Pers. v. H.	davon jugendl. männl. Pers.	davon jugendl. weibl. Pers.	jugendl. weibl. Pers. v. H.
786	1518	65,9	52	93	64,1

Das Verhältnis der weiblichen Arbeiter zu den männlichen ist 1,9 : 1; das der jugendlichen Arbeiter 1,8 : 1. Die Bewegung der Frauenarbeit in der Flachsspinnerei möge folgende Tabelle veranschaulichen:

Jahre	w.	m.	weibl. Arbeit. v. H.	Verhältnis der weiblichen Arbeiter zu den männlichen
1861[2]	738	504	59,4	1,5 : 1
1875[3]	1221	817	59,9	1,5 : 1
1895[3]	1709	850	66,8	2,0 : 1
1907[3]	1425	734	66,0	1,9 : 1

Der Anteil der Arbeiterinnen ist etwas gestiegen, ist sich aber im großen und ganzen, besonders in den letzten beiden Jahren,

[1] Zeitschrift des Kgl. Sächs. Statistischen Landesamtes 1910, S. 86ff.
[2] Alle Betriebe und alle Arbeiter.
[3] Fabrikbetriebe mit Arbeitern über 16 Jahre.

gleichgeblieben. Die Arbeiterzahl hat sich von 1895—1907 um rund 16 % verringert, woran die weiblichen Arbeiter sogar etwas mehr beteiligt sind als die männlichen.

Die Seidenspinnerei.

Die Seidenspinnerei wurde zuerst in Leipzig betrieben. 1854 wurde hier die erste Seidenspinnerei gegründet; sie bestand nur bis 1874 oder 1875. 1861 beschäftigte sie 50 Arbeiterinnen. 1863 soll die Fabrik 150 Arbeiterinnen beschäftigt haben; 1865 nur noch 92.[1] Die Seidenspinnerei verarbeitet alle die Abfälle, die beim Abhaspeln des Seidenkokons oder beim Zwirnen der abgehaspelten Seide entstehen und mit Florett- oder Schappeseide bezeichnet werden.[2] Jetzt gibt es nur Bourrettespinnereien. Die erste Bourrettespinnerei wurde 1864 in Chemnitz errichtet und bestand bis etwa 1880. Seit 1877 besteht die Bourrettegarnspinnerei in Großenhain.[3]

1875[4] gab es 6 Seiden- und Seidenshoddyspinnereien als Hauptbetriebe in Sachsen, wovon einer ein Kleinbetrieb war. In den 5 Fabrikbetrieben waren beschäftigt:

Arbeiter

über 16 Jahre		14—16 Jahre		12—14 Jahre		zusammen	
m.	w.	m.	w.	m.	w.	m.	w.
58	132	9	19	27	20	94	171

Im ganzen sind 265 Arbeiter beschäftigt gewesen; auf eine Spinnerei kommen 53 Arbeiter. Die weiblichen Arbeiter sind daran mit 64,5 % beteiligt; das Verhältnis ist 1,8 : 1. Das Verhältnis der Arbeiter über 16 Jahre ist 2,3 : 1. Am bedeutendsten waren die Seidenspinnereien im Handelskammerbezirk Plauen.[5] Es waren teils Lohnspinnereien, teils Nebenetablissements von Webwarenfabriken. Sie spannen also nicht auf eigene Rechnung; daher war die Geschäftslage gut. In den 70er und 80er Jahren ist die Zahl dieser Spinnereien stark zurückgegangen.

Für 1895[6] ergeben sich folgende Berechnungen. In den Fabrikbetrieben als Hauptbetriebe waren beschäftigt:

Arbeiter über 16 Jahre in Betrieben mit . . . Personen

11—20			21—100		
m.	w.	weibl. Pers. v. H.	m.	w.	weibl. Pers. v. H.
11	47	81,0	30	85	73,9

[1] Gebauer, a. a. O., 3. Band, S. 298.

[2] Gürtler, Textilindustrie, Bd. 1, Sammlung Göschen 1912, S. 97.

[3] Bourrette heißt das beim Kämmen der Florettseide zurückbleibende Material. Vgl. Gürtler, a. a. O., S. 105.

[4] Zeitschrift des Kgl. Sächs. Statistischen Bureaus 1877, S. 166f.

[5] Gebauer, a. a. O., 3. Band, S. 300.

[6] Zeitschrift des Kgl. Sächs. Statistischen Bureaus 1898 S. 164ff.

In den kleineren Betrieben werden auch hier relativ die meisten Arbeiterinnen beschäftigt. Im ganzen wurden 173 Arbeiter in diesen Betrieben gezählt, von denen 76,3 % Arbeiterinnen waren; das Verhältnis ist 3,2 : 1. Wenn auch die Arbeiterzahl gegen 1875 abgenommen hat, so ist die Anteilnahme der Arbeiterinnen relativ um so mehr gestiegen.

Die Berufs- und Betriebszählung vom Jahre 1907[1] ergibt folgende Zahlen. In 28 Hauptbetrieben waren im ganzen 206 Arbeiter beschäftigt, davon 184 weibliche und 22 männliche Arbeiter. Auf eine Spinnerei kamen 6,2 Arbeiter; die Größe der Spinnereien hat bedeutend abgenommen. Die weiblichen Arbeiter sind mit 89,3 % beteiligt; das Verhältnis ist 8,4 : 1.

Auf die Fabrikbetriebe als Hauptbetriebe kamen Arbeiter in Betrieben mit 11—50 Personen:[2]

über 16 Jahre		14—16 Jahre		zusammen		weibl. Arbeiter v. H.	weibl. Arbeiter über 16 J. v. H.
m.	w.	m.	w.	m.	w.		
21	134	—	28	21	162	88,5	86,5

Die Arbeiterzahl ist im Vergleich zu 1895 ungefähr die gleiche geblieben, der Anteil der Arbeiterinnen ist aber bedeutend gestiegen; das Verhältnis ist 7,7 : 1. Das Verhältnis der Arbeiter über 16 Jahre ist 6,4 : 1. Zum Vergleiche mögen alle Jahrgänge herangezogen werden.

Arbeiter über 16 Jahre in den Fabrikbetrieben.

Jahre	w.	m.	weibl. Personen v. H.	Verhältnis der weiblichen Arbeiter zu den männlichen
1875	132	58	69,5	2,3 : 1
1895	132	41	76,3	3,2 : 1
1907	134	21	86,5	6,4 : 1

Diese Zahlen erklären deutlich, in welchem Maße die Frauenarbeit relativ gestiegen ist. Absolut ist die Zahl der Arbeiterinnen fast gleich geblieben, während nur die Zahl der Männer dauernd stark abgenommen hat. Ob dies mit der geringen Entlohnung oder mit der besseren Technik in der neueren Zeit zusammenhängt, soll hier nicht entschieden werden; wahrscheinlich trifft beides zu.

Die Jutespinnerei.

So neu diese Industrie für Sachsen ist, so gering ist die Zahl der Fabriken. Die ersten Versuche in Europa wurden um 1834 bis 1835 gemacht; besonders wurde dieser Industriezweig 1853—1856 gefördert, als wegen des Krimkrieges russischer Flachs und Hanf für die englischen und schottischen Spinnereien ausblieben.[3] In Sachsen wurde die erste Jutespinnerei in Meißen im Jahre 1874 gegründet

[1] Zeitschrift des Kgl. Sächs. Statistischen Landesamtes 1910, S. 28 u. 34f.
[2] Ebenda, S. 86f.
[3] Gebauer, a. a. O., 3. Band, S. 287 f.

unter dem Namen Deutsche Jutespinnerei und -Weberei, A.-G. 1883 wurde die Oberlausitzer Jutespinnerei in Ostritz gegründet. 1886 beschäftigte erstere Fabrik 700 weibliche Arbeiter und 400 männliche; das Verhältnis ist 1,8 : 1. 1891 beschäftigte die Fabrik in Ostritz 275 weibliche Arbeiter und 220 männliche; das Verhältnis ist hier nur 1,3 : 1. Man erkennt, wie es oft nur vom Zufall abhängig ist, wieviel weibliche Arbeitskräfte relativ beschäftigt werden; sei es, daß das Gutdünken der Fabrikanten allein ausschlaggebend ist, wie es tatsächlich öfters der Fall ist, sei es, daß das Angebot von weiblichen Arbeitern dabei eine Rolle spielt.

1895[1] waren in ganz Sachsen in 3 Spinnereien 751 weibliche und 357 männliche Arbeiter in der Jutespinnerei beschäftigt, das sind 67,8 % weibliche Arbeiter; das Verhältnis ist 2,1 : 1. Auf eine Spinnerei kamen 369,3 Arbeiter. Der Anteil der weiblichen Arbeiter hat sich im Vergleich zu den Gründungsjahren etwas vergrößert. In den Fabrikbetrieben als Hauptbetriebe waren beschäftigt:

Arbeiter über 16 Jahre in Betrieben mit . . . Personen.

101—500			501 und mehr		
m.	w.	weibl. Arb. v. H.	m.	w.	weibl. Arb. v. H.
100	256	71,9	192	433	69,3

Auch hier nimmt die Frauenarbeit mit der Größe der Betriebe relativ ab. Im ganzen wurden 689 weibliche und 292 männliche Arbeiter über 16 Jahre beschäftigt, d. h. 70,2 % weibliche Arbeiter; das Verhältnis ist 2,4 : 1.

Die Berufs- und Betriebszählung vom Jahre 1907[2] ergibt folgendes Bild. In 4 Gewerbebetrieben, die nur Hauptbetriebe waren, wurden im ganzen 1394 weibliche und 663 männliche Arbeiter ermittelt, d. h. 67,8 % weibliche Arbeiter; das Verhältnis ist 2,1 : 1. Auf eine Spinnerei kamen 514,2 Arbeiter. Trotz des Anwachsens der Arbeiterzahl von 1895—1907 um beinahe 100 % und trotz der Vergrößerung der einzelnen Betriebe, ist doch der Prozentsatz der weiblichen Arbeiter genau der gleiche geblieben. Diese Erscheinung ist lebhaft zu begrüßen, da die schmutzigen und gesundheitsschädlichen Arbeiten in der Jutespinnerei besser vom männlichen Teil der Arbeiterbevölkerung zu erledigen sind. Auf die Fabrikbetriebe als Hauptbetriebe verteilen sich die Arbeiter wie folgt:[3]

Arbeiter in Betrieben mit 51—200 Personen.

über 16 Jahre		14—16 Jahre		zusammen		weibl. Arbeiter v. H.	weibl. Arbeiter über 16 J. v. H.
m.	w.	m.	w.	m.	w.		
53	162	7	6	60	168	73,7	75,3

[1] Zeitschrift des Kgl. Sächs. Statistischen Bureaus 1898, S. 137 u. 166f.
[2] Zeitschrift des Kgl. Sächs. Statistischen Landesamtes 1910, S. 28 u. 34f.
[3] Ebenda, S. 98ff.

Arbeiter in Betrieben mit 201—1000 Personen.

über 16 Jahre m.	über 16 Jahre w.	14—16 Jahre m.	14—16 Jahre w.	zusammen m.	zusammen w.	weibl. Arbeiter v. H.	weibl. Arbeiter über 16 J. v. H.
499	1112	102	110	601	1222	67,0	69,0

Wir finden hier wieder bestätigt, daß die Frauenarbeit innerhalb der Großbetriebe relativ mit der wachsenden Größe der Betriebe abnimmt. Insgesamt wurden beschäftigt:

Arbeiter über 14 Jahre.

m.	w.	weibl. Pers. v. H.	davon jugendl. männl. Pers.	davon jugendl. weibl. Pers.	jugendl. weibl. Pers. v. H.
661	1390	67,8	109	116	51,6

Das Verhältnis der weiblichen Arbeiter zu den männlichen ist 2,1 : 1; das der jugendlichen Arbeiter 1,1 : 1. Zum Vergleiche mögen die Zahlen von 1895 und 1907 gegenübergestellt werden.

Arbeiter über 16 Jahre.

Jahre	w.	m.	weibl. Arbeiter v. H.	Verhältnis der weiblichen Arbeiter zu den männlichen
1895	689	292	70,2	2,4 : 1
1907	1274	552	69,8	2,3 : 1

Die Mungo- und Shoddyspinnerei.

Auch dieser Industriezweig ist in Sachsen ziemlich neu. Mit dem Namen Mungo und Shoddy wird die Kunstwolle bezeichnet, die aus getragenen und unbrauchbar gewordenen Kleidungsstücken und aus Lumpen aller Art gewonnen wird; es ist also nur wiedergewonnene Naturwolle. Zu diesem Zwecke werden die Lumpen entstäubt, zerrissen und entfasert, worauf die wiedererhaltenen Haare, genau wie sonst die Naturwolle, versponnen werden. Ein wertvolles Material liefert die Kunstwolle, wenn sie aus Garnresten, Wirkwaren, Strümpfen, Unterzeug usw. hergestellt wird; diese bessere Sorte heißt Shoddy. Eine weniger gute Qualität ist das Mungogarn, das aus Kunstwolle von gewalkten Waren hergestellt wird.[1]

1895[2] waren in der Mungo- und Shoddyherstellung und -spinnerei 167 weibliche und 65 männliche Arbeiter beschäftigt, d. h. 72,0% weibliche Arbeiter; das Verhältnis ist 2,6 : 1. Im ganzen waren nur 9 meist kleinere Betriebe vorhanden; auf 1 Betrieb kamen durchschnittlich 25,6 Arbeiter. In den Fabrikbetrieben als Hauptbetriebe waren beschäftigt:

---

[1] Gürtler, a. a. O., S. 24.
[2] Zeitschrift des Kgl. Sächs. Statistischen Bureaus 1898, S. 137 u. 164ff.

Arbeiter über 16 Jahre in Betrieben mit . . . Personen.

11—20			21—100		
m.	w.	weibl. Arbeiter v. H.	m.	w.	weibl. Arbeiter v. H.
14	24	63,2	37	131	78,0

Hier steigt der Anteil der Frauenarbeit relativ mit dem Anwachsen der Betriebe. Zusammengefaßt erhalten wir 155 weibliche und 51 männliche Arbeiter über 16 Jahre, d. h. 75,2 % weibliche Arbeiter; das Verhältnis ist 3,0 : 1.

Bis zum Jahre 1907 ist dieser Industriezweig stark zurückgegangen;[1] es bestand nur noch ein Gewerbebetrieb, der 54 weibliche und 32 männliche Arbeiter beschäftigte, d. h. 62,8 % weibliche Arbeiter; das Verhältnis ist 1,7 : 1. Auf diesen Betrieb kamen 86 Arbeiter; es scheint sich also nur der größte Betrieb gehalten zu haben. Der Anteil der Frauenarbeit aber ist relativ stärker gesunken als die Zahl der männlichen Arbeiter. Die Arbeiter in diesem Betrieb verteilen sich wie folgt:

über 16 Jahre		14—16 Jahre		zusammen		weibl. Arbeiter v. H.	weibl. Arbeiter über 16 J. v. H.
m.	w.	m.	w.	m.	w.		
30	51	2	3	32	54	62,8	63,0

Ein Vergleich mit 1895 ergibt:

Arbeiter über 16 Jahre.

Jahre	w.	m.	weibl. Arbeiter v. H.	Verhältnis der weiblichen Arbeiter zu den männlichen
1895	155	51	75,2	3,0 : 1
1907	51	30	63,0	1,7 : 1

Auch für die Arbeiter über 16 Jahre gilt die relativ stärkere Abnahme der Frauenarbeit.

Ergebnisse des entwicklungsgeschichtlich-statistischen Teiles.

Interessant ist zweifellos die Erfahrung, daß in fast allen Fällen der höchste Prozentsatz der Frauenarbeit in den kleineren und mittleren Fabrikbetrieben anzutreffen ist. Im Jahre 1895 ist dies in noch stärkerem Maße der Fall gewesen als 1907. Vielleicht beruht diese Erscheinung darauf, daß sich die männlichen Arbeiter zunächst zahlreich in die neugegründeten großen Spinnereien einstellen ließen, sei es, weil sie hofften, dort reichlichen Verdienst zu finden, sei es, weil in anderen Zweigen schlechter Geschäftsgang herrschte. Jedenfalls hatten sie bis 1907 die Arbeit und den kärglich bemessenen Lohn als Andreher usw., der zwar einen ziemlich hohen Zuschuß der Frau zum Gesamteinkommen einer Familie bilden kann, aber nicht zum

[1] Zeitschrift des Kgl. Sächs. Statistischen Landesamtes 1910, S. 28 u. 34f.

Lebensunterhalt einer ganzen Familie ausreicht, mehr und mehr den weiblichen Arbeitern überlassen und sich — und dies gilt besonders für die Städte, wo ja die größten Betriebe vorhanden sind — anderen Berufen gewidmet. Zum Meister und Spinner, der einige Andreher unter sich hat und ungefähr noch einmal soviel verdient als die „Hilfsarbeiter", kann es natürlicherweise, da ihre Zahl beschränkt ist, nur ein kleiner Teil von einem großen Angebot bringen; es mag diese Erkenntnis für die männlichen Arbeiter ein Grund mit sein, sich mehr und mehr von der Spinnereiindustrie zurückzuziehen.

Schon aus diesen Ausführungen kann man Schlüsse auf die lohndrückende Tendenz der weiblichen Arbeit, die durch den hohen Prozentsatz an Arbeiterinnen noch verstärkt wird, ziehen.

1895 war in der Baumwollspinnerei, Vigognespinnerei, Wollspinnerei, Flachsspinnerei, Seidenspinnerei und Jutespinnerei, also in nahezu allen Spinnereizweigen, der Prozentsatz der Frauenarbeit in den kleinen und mittleren Fabrikbetrieben höher als in den größten Betrieben; 1907 nur noch in der Baumwollspinnerei, Flachsspinnerei, Seidenspinnerei und Jutespinnerei. Sicher hängt dies u. a. mit der besseren Technik und angenehmeren Beschäftigung in der Woll- und Vigognespinnerei zusammen, denn die Baumwollspinnerei, Flachs- und Jutespinnerei sind immer noch infolge ihrer großen Staubentwicklung und anstrengenden Arbeit für die Frauenarbeit am wenigsten geeignet und werden auch von den Arbeiterinnen, besonders in und in der Nähe größerer Städte mit lohnenden anderen Beschäftigugen, wenn möglich gemieden.

Betrachten wir die gesamte Spinnerei, auch einschließlich der Betriebe, die oben nicht besonders aufgeführt sind, in ihrer Entwicklung, so erhalten wir folgendes Bild:

Hauptberuflich tätige Arbeiter in allen Betrieben.

Jahre	w.	m.	weibl. Pers. v. H.
1849	10488	7909	57,0
1861	9296	7214	56,3
1875[1]	15769	13085	54,7
1895	22034	12231	64,3
1907	30922	13966	68,9

Diese Tabelle zeigt in klarer Form das stetige Anwachsen der Frauenarbeit. In fast keinem anderen Beruf ist die Frauenarbeit so ausgeprägt wie in der Spinnereiindustrie. Am 1. Mai 1907 betrug die Zahl aller Arbeiter in Fabriken und diesen gleichgestellten Anlagen in Sachsen[2]:

Arbeiter überhaupt 685319
davon weiblich 231894,

[1] Betriebe mit über 5 Gehilfen.
[2] Statistisches Jahrbuch für das Königreich Sachsen 1908, S. 86f.

das sind rund 25% weibliche Arbeiter; davon sind 30922 in den Spinnereien beschäftigt, d. h. also 13,3% aller Arbeiterinnen. Zahn hat unlängst einige interessante Belege über den Anteil der erwerbstätigen weiblichen Bevölkerung in den Hauptkulturstaaten gegeben.[1] Es seien einige Angaben mitgeteilt:

1. Der Anteil der Frau am Erwerbsleben der Bevölkerung		2. Erwerbstätige Frauen in der Industrie.	
Staat und Jahr	v. H. der erwerbstät. Bevölk. sind Frauen	weibl. Erwerbstätige v. H.	männl. u. weibl. Erwerbstätige v. H.
Deutschland:			
1907	33,8	22,2	18,7
1895	29,8	23,1	18,4
1882	29,2	20,3	17,6
Österreich:			
1900	43,2	11,4	22,9
1890	44,5	11,6	25,2
England u. Wales:			
1901	29,1	48,5	24,2
1891	31,1	45,8	25,1

3. Arbeiterinnen v. H. der erwerbstätigen Frauen.

Deutschland:	
1907	85,4
1895	81,4
1882	80,1
Österreich:	
1900	80,3
1890	84,0
England u. Wales:	
1901	79,6
1891	(73,2)

Die Zahl der erwerbstätigen Frauen überhaupt hat demnach nur in Deutschland bis 1907 zugenommen. Deutschland leistet sich auch den höchsten Prozentsatz an Arbeiterinnen im Verhältnis zu allen erwerbstätigen Frauen. Die Spinnereiarbeiterinnen tragen einen wesentlichen Prozentsatz zu dieser Steigerung bei.

Vergleichen wir die englischen Verhältnisse vom Jahre 1904[2] mit denen Sachsens vom Jahre 1907, so ergibt sich folgendes Bild:

---

[1] Zahn, Die Frau im Erwerbsleben der Hauptkulturstaaten. Ein Beitrag zur Statistik des Frauenerwerbs. (Institut International de Statistique. XIV. Session, Septembre 1913. Rapports No. 8.)

[2] Annual Report of the Chief Inspector of Factories and Workshops for the year 1906. Angeführt bei Käthe Winkelmann, Gesundheitliche Schädigungen der Frau bei der industriellen Arbeit. Jena 1914. S. 24.

Industrie	England 1904 Erwachs. Arbeiter m.	w.	w. Arb. v. H.	Sachsen 1907[1] Erwachs. Arbeiter m.	w.	w. Arb. v. H.
Baumwollspinnerei	70 572	81 935	53,7	5559	9 386	62,8
Wollspinnerei . .	25 753	35 814	58,2	3552	10 863	75,4
Seidenspinnerei .	2 675	6 829	71,9	21	134	86,5

Es ist hiermit deutlich erwiesen, daß in Sachsen der Prozentsatz der weiblichen Spinnereiarbeiter viel höher ist als in England. Der Grund liegt darin, daß in Sachsen die Frauenarbeit wohlfeiler ist als in England (vgl. hierüber auch die Ausführungen S. 91 Mitte). Dieselbe Erscheinung ergibt sich bei dem Vergleich der Spinnereiarbeiterinnen von Sachsen mit denen von ganz Deutschland. Nach dem Statistischen Jahrbuch für das Deutsche Reich[2] waren nach der Zählung vom Jahre 1907 in den Spinnereien Deutschlands insgesamt 182166 c-Personen (Gehilfen, Lehrlinge, Arbeiter) hauptberuflich tätig, darunter 116688 weibliche Personen, d. h. 64,1 %. Da die Spinnereiarbeiterinnen in Sachsen 68,9 % der Gesamtsumme ausmachen (s. oben S. 45), so tritt der höhere Anteil der Frauenarbeit in den Spinnereien Sachsens im Vergleich zum Reich deutlich hervor.

In der gesamten Textilindustrie Sachsens waren im Jahre 1907[3] hauptberuflich beschäftigt: 133647 weibliche und 102040 männliche Arbeiter, d. h. 56,7 % weibliche Arbeiter. Die Spinnereiarbeiterinnen machen hiervon 23,1 % aus. In der gesamten Textilindustrie Deutschlands[4] waren von 856522 hauptberuflich tätigen c-Personen 466210 weibliche Arbeiter, d. h. 54,4 %. Auch hier ist die Frauenarbeit in Sachsen relativ höher als im Reich.

Fassen wir die markantesten Zahlen für Sachsen nochmals kurz zusammen, so erhalten wir ein deutliches Bild von der relativ sehr hohen Zahl der erwerbstätigen Frauen in den Spinnereien Sachsens. 1907 waren beschäftigt:

in Fabriken	25,0 %	weibliche Arbeiter
in der Textilindustrie . . .	56,7 %	„ „
in den Spinnereien	68,9 %	„ „

Besonders lehrreich ist folgende Tabelle für die Jahre 1875, 1895 und 1907, die alle Verhältniszahlen der weiblichen und männlichen Arbeiter über 16 Jahre in den Fabrikbetrieben als Hauptbetriebe mit über 10 Personen zum Vergleiche heranzieht:

---

[1] Betriebe über 10 Personen.
[2] Statistisches Jahrbuch für das Deutsche Reich 1909, S. 22.
[3] Zeitschrift des Kgl. Sächs. Statistischen Landesamtes 1910, S. 34f.
[4] Statistisches Jahrbuch für das Deutsche Reich 1909, S. 12.

Betriebszweig	Verhältnis in den Jahren		
	1875	1895	1907
Baumwollspinnerei	1,6 : 1	1,5 : 1	1,7 : 1
Vigognespinnerei	—	2,5 : 1	3,2 : 1
Wollspinnerei	—	1,9 : 1	3,1 : 1
Flachspinnerei	1,5 : 1	2,0 : 1	1,9 : 1
Seidenspinnerei	2,3 : 1	3,2 : 1	6,4 : 1
Jutespinnerei	—	2,4 : 1	2,3 : 1
Mungo- und Shoddyspinnerei	—	3,0 : 1	1,7 : 1

Wesentlich geändert hat sich der Anteil der Frauen in der Vigognespinnerei, Wollspinnerei, Seidenspinnerei, wo er stark gestiegen, und in der Mungo- und Shoddyspinnerei, wo er ebenso stark gefallen ist. In den übrigen Betriebszweigen hat sich der Anteil der Frauen nicht wesentlich verändert. Auffallend ist, daß die Fabriken einen Stillstand oder Rückgang in dem Anteil der Frauen aufweisen, die besonders schmutzige und unangenehme und dadurch auch gesundheitsschädlichere Arbeiten erfordern, welche die Arbeiterinnen also möglichst meiden.

II. Sozialpolitischer Teil.

Haben wir in dem bisherigen Teil der Arbeit die gesamte Entwicklung der Frauenarbeit in der sächsischen Spinnereiindustrie bis in die neueste Zeit verfolgt, so sollen im folgenden die jetzigen Arbeitsbedingungen der Spinnereiarbeiterinnen beleuchtet und die daraus entstehenden Erscheinungen und Verhältnisse einer gerechten Kritik unterzogen werden.

a) Arbeit und Arbeitszeit.

Die Arbeit als solche ist im allgemeinen leicht; die Arbeiterin leistet nur Hilfsarbeiten bei der Bedienung der Maschinen.[1] Aber das Äußerliche der Arbeit, die Staubplage, die nie ganz zu vermeiden sein wird, und die schlechte Atmosphäre, besonders in unhygienisch eingerichteten Spinnereien, stellen sehr hohe Anforderungen an den weniger widerstandsfähigen Organismus der Frau. Die Vermeidung der Frauenarbeit in den schmutzigsten Abteilungen, z. B. beim Mischen, Auflockern und Reinigen in den Baumwollspinnereien, Schwingen und Hecheln in den Flachsspinnereien usw. ist wünschenswert und möglich. Erleichtert wird dies Gebot durch Aufstellen geeigneter Maschinen.

[1] Vgl. Gürtler, a. a. O.

Die Frauen werden in der Vorarbeit (Krempelei oder Kardieren, Strecken und Doppeln, ev. Kämmen und Plätten usw.) beschäftigt, in der Vorspinnerei, Feinspinnerei, Spulerei, Zwirnerei, Weiferei (Haspelei) und Packerei.

Die Arbeit in den Abteilungen der Vorarbeit besteht im großen und ganzen nur darin, die Wolle und das zur Verarbeitung gelangende Material herzufahren, auf die Maschinen aufzulegen und die zu einem Band geformte Wolle in bereitstehenden sog. Kannen aufzufangen. Das Ausputzen der Krempeln wird meist von Männern besorgt. Es übersteigt das Maß der Frauenkräfte, an denen mit solcher Beschäftigung, wie vielfach, Raubbau getrieben wird. In den verschiedenen Abteilungen der Vorarbeit sind naturgemäß viele ältere Frauen beschäftigt, die die zur eigentlichen Feinspinnerei nötige Geschicklichkeit nicht mehr besitzen oder auch als jüngere Leute nie besessen haben und daher in diesen Abteilungen mit untergebracht werden. Oft kommen hier später in die Spinnerei eingetretene Frauen unter, die sich in der Fabrik schnell etwas verdienen wollen und nicht erst einige Zeit als Lernzeit opfern mögen. Hieraus läßt sich mancher Vorteil der Fabrikarbeit gegenüber der Heimarbeit erkennen. Es besteht ein sicherer, wenn auch geringer Verdienst, der aber in der Heimarbeit noch geringer ist. Es herrscht eine geregelte Arbeitszeit, und es gibt Arbeiten für beinahe jedes Alter. Ältere Arbeiterinnen werden in der Plätterei der Kammgarnspinnerei besonders deshalb gern genommen, da hier aufmerksame Arbeit erforderlich ist; sie werden dafür etwas besser bezahlt, als sonst in der Vorarbeit üblich ist. In der Vorspinnerei werden alle Altersklassen beschäftigt; in ihr arbeiten zum Teil Frauen, die erst später in die Fabrik eingetreten sind; denn diese Arbeit kann in sechs Wochen angelernt werden. Hier werden die von der Vorarbeit gelieferten Bänder durch Doppeln und Strecken auf den Grad von Gleichmäßigkeit und Feinheit gebracht, wie er erforderlich ist, um auf der Feinspinnmaschine ein den Anforderungen entsprechendes Garn zu liefern. Die Bedienung der Maschinen besteht im Aufsetzen und Abnehmen der leeren und vollen Spulen und im Einfädeln und Anlegen der von der Vorbereitung gelieferten Bänder. Schon hierbei spielt die Fingerfertigkeit eine große Rolle. Die Feinspinnerei ist das Hauptgebiet der mittleren und jüngeren Altersklassen. Hier werden die 14—16jährigen Mädchen als Andreherinnen oder Anlegerinnen angelernt. Sie bilden die sog. Reserven und besorgen das Einziehen der Spulen, das Sauberhalten der Plätze, gehen Wege usw. An einem Selfaktor[1] z. B. sind meist ein Spinner, vier Andreher und vier Reserven beschäftigt. Die Andreher bedienen stehend und laufend diese Maschine, da der untere Teil des Selfaktors, der sog. Wagen, ununterbrochen in vorwärts- und rückläufiger Bewegung ist. Sie

[1] Ein Selfaktor ist die jetzt allgemein eingeführte selbstspinnende Mulemaschine, bei der sämtliche zum Spinnen und Aufwinden nötige Bewegungen durch Dampf- oder Wasserkraft hervorgebracht werden.

drehen oder knüpfen die gerissenen Fäden an, wobei sie sich bei der Ausfahrt des Wagens oft sehr weit vorbeugen, um möglichst viele Wunden, die beim Spinnprozeß entstanden sind, zu heilen, denn unnütze Pausen müssen bei Akkordarbeit möglichst vermieden werden. Bei Übertreibung des Überbeugens können leicht die inneren Organe leiden. Sind keine Selfaktors vorhanden, so bedienen die Arbeiterinnen Flügelspinn- und Ringspinnmaschinen. Hierbei fällt das Vor- und Rückwärtslaufen weg, da die Watermaschinen feststehen. Ob dies als ein Vorteil anzusehen ist, kann nicht ohne weiteres entschieden werden. Das Vor- und Zurücklaufen an den Selfaktors ist eine gewisse Abwechslung und wird leicht zur Gewohnheit. Immerhin wird durch das fast ununterbrochene Vor- und Zurücklaufen täglich eine ganz außerordentlich große Strecke zurückgelegt, was nicht jede Person auf die Dauer aushält. Bei einem einmaligen Wagenzug (Vor- und Zurücklaufen des Wagens) legt die Andreherin rund 3 m im ganzen zurück. In einer Minute erfolgen ungefähr vier Wagenzüge, so daß also die Arbeiterin in einer Minute schon rund 12 m gelaufen ist. Das ergibt bei einer 10stündigen Arbeitszeit rund 7 km Weglänge während der Arbeit. Man muß allerdings berücksichtigen, daß die Arbeiterin nicht jeden Wagenzug voll ausnutzt und gelegentlich eine kleine Pause eintreten läßt. Es bleibt ungefähr eine Weglänge von 6 km bestehen, die sich auf 10 Stunden verteilt und daher wohl nicht als schädlich anzusehen ist. Die Feinspinnerei erfordert die Frauenarbeit am dringendsten. Bei ihr kommt es vor allem auf die Geschicklichkeit und Fingerfertigkeit der Arbeiterin beim Anknüpfen der gerissenen Fäden an. Es ist gänzlich ausgeschlossen, daß diese Fertigkeit vom männlichen Geschlecht je erreicht würde, wenigstens würde sie nur geringe Zeit anhalten. Die Gründe seitens der Unternehmer für die Frauenarbeit in den Spinnereien, besonders in den Abteilungen der Vor- und Feinspinnerei, Zwirnerei und Weiferei, sind in der Tat zum größten Teil die hier angeführten. Die Lohnfrage kommt erst in zweiter Linie in Betracht. Verschiedene Firmen hatten es z. B. mit männlichen Andrehern versucht; allgemein wurde festgestellt, daß sie nicht so gut arbeiten können. Anstatt 2 Frauen sind 3 Männer nötig. Auch wird meist hervorgehoben, daß die Frau sparsamer und sauberer ist und ihren Platz sorgsam pflegt. Die Staubplage ist in dieser Abteilung ziemlich gering und wird noch vermindert durch die 70—80 $^0/_0$ige Luftbefeuchtung, die den Staub niederschlägt. Es herrscht aber eine hohe Temperatur, die den Körper leicht schlaff macht. Angenehmer ist die Arbeit der Z w i r n e r e i, W e i f e r e i und P a c k e r e i. Letztere beiden sind bevorzugte Abteilungen, denn hier herrscht normale Temperatur und wenig Staub. Die Beschäftigung körperlich nicht gut ausgebildeter Frauen in der Packerei wirkt jedoch wegen des andauernden Bückens beim Einlegen der fertigen Kops in die Kisten sehr nachteilig auf die inneren Organe; hängen die Arbeiterinnen doch mit $^2/_3$ des Körpers in der Kiste! Vor allem ist zu fordern, daß noch in der Entwicklung begriffene Mädchen und junge Frauen nicht in der

Packerei beschäftigt werden. Auch ein geübtes Auge wird verlangt, da die Einlegerinnen während des Einlegens zugleich etwaige Fehler entdecken müssen.

Die Arbeiten in der Spinnerei sind, wie wir gesehen haben, im allgemeinen leicht und dabei nicht uninteressant. Die Nachteile der Arbeitsteilung treten in ihr nicht so scharf hervor wie in manchen anderen Fabrikzweigen. Die Handgriffe sind zwar stets dieselben und doch nicht ganz gleich. Immer ist an verschiedenen Stellen aufzupassen, und das Stehen und Laufen bringt Abwechslung in die Arbeit. Was die Arbeiterinnen viel mehr angreift, ist die Wärme und der mehr oder weniger hohe Prozentsatz an Staub; der Organismus wird dadurch bald schlaff. Gerade von diesem Gesichtspunkt aus ist die 10stündige Arbeitszeit anstatt der 11stündigen zu begrüßen. Die Meinungen, ob dadurch eine Abnahme der Produktionsleistung stattgefunden hat oder ob die Leistung gleich hoch geblieben ist, sind geteilt. Manche Firmen geben an, daß sie durch besondere Vorkehrungen den Ausfall vermieden haben, andere behaupten, es ließe sich statistisch genau angeben, daß sich der Produktionsausfall prozentual der Beschränkung der Arbeitszeit verhalte; viele Firmen sind sich darüber selbst nicht klar. Wie dem auch sei, dieselben Gründe gegen eine Herabsetzung der Arbeitszeit sind schon 1891 angeführt worden, als es sich um die Einführung der 11stündigen Arbeitszeit handelte. Durch den glänzenden Aufschwung der Industrie sind die Einwände völlig widerlegt worden. Auch in England und Frankreich hat man durch Herabsetzung der Arbeitszeit nur gute Erfahrungen gemacht.[1] Man begegnet gelegentlich sogar noch dem mehr als hundertjährigen Einwand, der Arbeiter wisse mit seiner freien Zeit nichts anzufangen. Dies widerspricht teilweise den Tatsachen; soweit es richtig ist, dürfte das vorgeschlagene Erziehungsmittel, die Arbeiter möglichst lange zu beschäftigen, das unzweckmäßigste sein. Der deutsche Arbeiter nutzt seine Zeit im allgemeinen gut aus. Es ist oft berichtet und nachgewiesen worden, daß die freie Zeit gut angewandt wird: der Besuch von Bibliotheken und Schulen steigt, der Alkoholgenuß nimmt ab. Vor allem hat der weibliche Organismus eine lange Erholungszeit dringend nötig. Betrachtet man eine Arbeiterin mit etwa 35 Jahren, so sieht sie ungleich älter aus als Frauen in anderen Berufen oder „Nur“-Hausfrauen in denselben Jahren. Im Jahre 1847 ging im englischen Parlament das Zehnstundengesetz durch. 1859 konnte der Fabrikinspektor Baker in Bezug auf die Textilindustrie berichten, daß trotz der Herabsetzung der Arbeitszeit von 69 auf 60 Stunden pro Woche die Produktion sich nicht vermindert habe, die Löhne sogar um 12—40% gestiegen seien.[2]

---

[1] Reichsarbeitsblatt 1903/04: Dauer der täglichen Arbeitszeit der in Fabriken usw. der Textilindustrie beschäftigten Arbeiterinnen betreffend. S. 368.

[2] E. Bernhard, Höhere Arbeitsintensität bei kürzerer Arbeitszeit. Staats- und sozialwissenschaftliche Forschungen, Heft 138, S. 11.

Für eine Spinnerei wurde berechnet, wenn man das Jahr 1873 mit 12stündiger Arbeitszeit = 100 setzt[1]:

1878	bei	11	Stunden	= 97,6
1879	„	11	„	= 101,9
1880	„	11	„	= 105,5
1881	„	11	„	= 110,8
1882	„	11	„	= 102,6

Daß eine kürzere Arbeitszeit stärkend auf den Körper des Arbeiters einwirkt und ihn dadurch fähiger macht, seine Kräfte intensiv auszunutzen, liegt klar zutage. Eine solche Arbeiterin kann z. B. mehr Krempelmaschinen oder Ringspinnmaschinen bedienen als eine, die zu sehr angestrengt wird. Auch die Unfälle nehmen ab. Die Unfallstatistik für die Spinnereien zeigt für die letzten Jahre einen dauernden Rückgang an. Nach Schulze-Gävernitz[2] entsteht eine um so größere Mehrleistung, je mehr Spindeln in einer Hand vereinigt sind, was an England, Mülhausen, Schweiz, Baden, Elsaß, Württemberg nachgewiesen wurde. Es besteht natürlich eine gewisse Maximalintensität und hinzukommt, daß sich die Arbeiterinnen über einen gewissen Grad nicht anstrengen und mit einem gewissen Lohnsatz zufrieden sind. Sehr richtig heißt es in einer Betrachtung über „Arbeitsfreude“: Es gibt Fabriken von einer Helligkeit durchflutet, die den Willen elektrisiert, von einer Bauart, so energisch, so übersichtlich, daß Unordnung und Faulheit dort keine Statt haben können.[3] Ein guter Arbeitsraum regt suggestiv zur Arbeit an.

Die Intensität der Arbeit setzt sich aus personalen und technisch-sachlichen Elementen zusammen.[4] In Bezug auf die Spinnereien muß festgestellt werden, daß eine weitere intensivere Ausnutzung der Maschinen zum Zwecke einer Arbeitsverkürzung kaum möglich erscheint. Die Technik hat an den Spinnmaschinen keine beträchtlichen Verbesserungen gebracht. Von einer neuen Erfindung, die die elektrische Kraft benutzen und dadurch eine bedeutend höhere Intensität erreichen will, ist noch zu wenig bekannt, um darüber urteilen zu können. Auch die menschliche Arbeitskraft ist voll ausgenutzt; die Intensität der Arbeiter läßt sich bei normalem Geschäftsgang kaum noch steigern. Dies würde unter den jetzigen Verhältnissen tatsächlich auf Kosten der Gesundheit gehen. Es kann sich dem Stande der Dinge nach und unter Beiseitelassen der zweifelhaften Frage der Taylorschen Betriebsorganisation anscheinend nur darum handeln, die unvermeidlichen Pausen, die durch Putzen, Weg- und Herbeischaffen der Wolle, Abnehmen und Aufsetzen der Spulen entstehen, etwas zu vermindern. Auch ist häufiger Wechsel der Arbeiterinnen nachteilig, wie er besonders in den Spinnereien der Großstädte stark ausgeprägt ist. Ausschlaggebend ist dies aber nicht. Es kommt in der Spinnerei meist auf die technische Seite an. Technik

[1] E. Bernhard, a. a. O., S. 12. — Es kommt eine Spinnerei in der Schweiz in Betracht.

[2] v. Schulze-Gävernitz, a. a. O., S. 130ff.

[3] E. Bernhard, a. a. O., S. 52f. [4] Ebenda, S. 54.

und Arbeitszeit stehen in Wechselwirkung. Je besser die Technik ausgebildet ist, desto geringer muß die Arbeitszeit sein. Nun kann man für die Spinnerei die Frage aufwerfen, ob nicht die Technik doch mit zwingender Notwendigkeit fortschreite, wenn es die wirtschaftlichen Verhältnisse erfordern.

Lehrreich ist in diesem Zusammenhang ein Vergleich mit England. Trotzdem dort das Zehnstundengesetz schon 1847 angenommen wurde, ist selbst in England bis zum heutigen Tage noch nicht der Neunstundentag offiziell voll erreicht. Nur dadurch, daß Sonnabends um 12 Uhr geschlossen wird, nähert sich die wöchentliche Arbeitszeit der 54stündigen Arbeitswoche. Seit 1901 besteht in der englischen Textilindustrie für jugendliche Personen (unter 18 Jahren), Frauen und Kinder ein gesetzliches Beschäftigungsmaximum von $55^1/_2$ Stunden wöchentlich. In Wirklichkeit ist aber der Neunstundentag ziemlich allgemein in England durchgeführt, ohne daß der Engländer eine gesetzliche Regelung für notwendig befunden hat.

Eine weitere Herabsetzung der Arbeitszeit in den sächsischen Spinnereien dürfte, wenn auch für die nächste Zeit nur unter Schwierigkeiten erreichbar, als wünschenswert zu bezeichnen sein. Durch Verkürzung der Pausen und Einführung durchgehender Arbeitszeit würde man diesem Gedanken nähertreten. Zwei Spinnereien in Preußen haben, soweit bekannt ist, durchgehende Arbeitszeit eingeführt: von 6—2 Uhr (besser wohl von 7—3 Uhr) bei halbstündiger Ruhepause um 12 Uhr. In beiden Spinnereien sind Arbeiter und Arbeitgeber mit der Neueinrichtung zufrieden. Produktions- und Lohnausfälle sind nicht eingetreten. Auch wird über eine mißbräuchliche Benutzung der freien Zeit nicht geklagt.[1]

In der Tat, wenn man berücksichtigt, daß in hygienischer und psychologischer Hinsicht der Gewinn einer in der Fabrik verbrachten Ruhepause ungleich weniger vorteilhaft ist als die gleiche Erholungszeit nach Schluß der Arbeit, so kann man dieses System nur befürworten. Da sowieso über Mittag fast die Hälfte der Arbeiterinnen im allgemeinen in den Fabriken bleibt, so würde die Änderung wahrscheinlich in dieser Hinsicht gar nicht drückend empfunden. Je größer die Städte sind, wo die Fabriken, in diesem Falle die Spinnereien, stehen, desto weniger Frauen gehen zu Mittag nach Hause, was in der Natur der Sache liegt. Zu einem Verlassen der Fabrik müßte eigentlich $1^1/_2$stündige Mittagspause für alle Arbeiterinnen eingeführt sein, wie es bei verschiedenen Spinnereien der Fall ist. Aber es wird doch sehr viel Zeit dadurch vergeudet und von einer Erholung in dieser Zeit kann kaum die Rede sein. Wenn das System der Kantinen, warmen Küchen und Wärmeöfen, wie es in verschiedenen Spinnereien schon vorbildlich eingeführt ist, richtig ausgebaut wird und vor allem alle Arbeiterinnen dazu erzogen werden, diese Einrichtungen in richtiger Weise zu benutzen, genügt unseres Erachtens eine halbstündige Pause zu Mittag, die im Fabrik-

---

[1] E. **Bernhard**, a. a. O., S. 46.

speisesaal verbracht wird, um sich für die nächsten Stunden zu kräftigen. Vormittagspausen könnten vermutlich wegfallen, wenn erst um 7 Uhr angefangen wird und die Arbeiterinnen dadurch Gelegenheit haben, ihr Frühstück zu Hause einzunehmen.

Wenn die Arbeiterinnen verstehen würden, sich in richtiger Weise zu ernähren, würde manches besser sein und manche Krankheit vermieden werden, die jetzt allein der Fabrikarbeit zugeschoben wird. Aber die Ernährungsweise der Arbeiterinnen in den Spinnereien ist im allgemeinen sehr unrationell, ohne daß sie es zu sein brauchte. Die Arbeiterinnen verstehen nicht, sich richtig zu ernähren; sie haben keinen Sinn dafür. Ich möchte den Hauptgrund u. a. darin sehen, daß sie sich aus den untersten Schichten der Bevölkerung zusammensetzen und vielfach ohne Anleitung den Existenzkampf aufnehmen. Sie bieten ihrem Magen viel Schokolade und Süßigkeiten an, essen zu Mittag oft kalt, wie Hering, Gurken usw., trinken Bier, was auf keinen Fall in den Spinnereien mit den überwarmen Spinnsälen zum Verkauf gelangen dürfte; und dies tun die Arbeiterinnen selbst in den Fabriken, wo sie für äußerst billiges Geld ein ziemlich reichliches warmes Essen bekommen. Die Kantinen werden trotz der meist äußerst billigen und guten Mahlzeiten nicht in dem wünschenswerten Maße benutzt. In einer Kammgarnspinnerei einer Großstadt kostet die Mittagsportion (50 g Fleisch und Gemüse) im Abonnement 24 Pf., sonst 25 Pf. Dieselben Preise bestehen bei einer Flachsspinnerei einer sächsischen Mittelstadt; der halbe Liter Kaffee mit Milch kostet dort 4 Pf. In einer Baumwollspinnerei werden die Portionen sogar für 15 Pf. abgegeben. Es gibt meist Gemüse ($^3/_4$ Liter) mit 50 g Fleisch, manchmal Braten, Bratwurst, 2 Eier mit Kartoffelsalat usw.

Vielfach verschwenden die Arbeiterinnen ihr Geld lieber in Putzereien, Leckereien und Vergnügungen, womit nicht gesagt sein soll, daß die jungen Mädchen ihr Äußeres vernachlässigen sollen. Sich in angemessenen Grenzen putzen zu dürfen, bringt sie in freundliche Stimmung, die der Arbeit zugute kommt.

Oft bringen sich die Frauen, vor allem die verheirateten, ihr Essen mit in die Fabrik und stellen es in den Wärmeöfen warm: solche Öfen müßten überall eingeführt werden. Es ist in weitem Maße Brauch in den Arbeiterfamilien, erst abends warm zu essen und womöglich soviel übrig zu behalten, um am nächsten Mittag in der Fabrik davon essen zu können. Der Donnerstag und der Freitag aber sind in jeder Beziehung die schlechtesten Tage; da sind die Wärmeöfen nur zur Hälfte oder dreiviertel gefüllt — Freitag ist erst Lohntag.

Unser Vorschlag geht dahin: 1. die Vormittagspausen ganz fallen zu lassen, dafür nicht vor 7 Uhr zu beginnen. Vielfach besteht die Sitte, das zweite Frühstück und das Vesper während der Arbeit einzunehmen. In vielen Betrieben ist keiner Abteilung eine Vormittags- oder Nachmittagspause eingeräumt; in anderen wieder ist für manche Abteilungen eine Frühstücks- und Vesperpause eingeführt. Im allgemeinen aber muß Frühstück und Vesper so eingenommen werden, wie es die Arbeit gestattet, ohne die Maschinen stillzusetzen. Die Vesperpause würde bei unserem Vorschlag von vornherein wegfallen. Durch den Staub und die Fäden, die beim Essen oft mitverschluckt werden, wird manche Magenkrankheit verursacht. Entweder werden Frühstückspausen eingeführt, während welcher die Arbeiterinnen die Säle zu verlassen haben, was natürlich die Gesamtarbeitszeit verlängert, oder das Essen ist während der Arbeit auf ein Minimum zu beschränken. Freilich, aus praktischer Erfahrung heraus muß man zugeben, daß das Essen und Trinken bei der Arbeit die einzige Abwechslung ist, die die Arbeiterinnen haben und auf die sie sich freuen. Es erscheint ausgeschlossen, daß die Arbeiterinnen ohne irgendwelche Abwechslung intensiv 5 Stunden hintereinander arbeiten. Es muß aber darauf gesehen werden, daß diese Eß- und Trinkpausen aus gesundheitlichen Gründen möglichst kurz sind.

2. Zu Mittag eine halbstündige Erholungspause festzusetzen, in der die Arbeiterinnen die Fabriksäle auf jeden Fall zu verlassen haben und, soweit sie nicht ihr warmes Essen mitgebracht haben, sie durch eine zu errichtende warme Küche, in der die Preise unter den Selbstkosten bleiben könnten, zu veranlassen, sich der von dieser gebotenen Verköstigung zu bedienen. Für kleinere Betriebe würde allerdings der Zuschuß außerordentlich hoch werden, wenn jeder Betrieb warme Küche einführen wollte. Sobald jedoch durchgehende Arbeitszeit besteht und die Fabrik auf mindestens 75—100 Tischgäste rechnen kann, ist warme Küche am Platze und geboten. Die oben angeführte Kantine, die die Portion zu 15 Pf. abgibt, wird nur von etwa 100 Personen benutzt.

3. Denjenigen verheirateten Frauen, die unbedingt mittags die Fabrik verlassen müssen, müßte auch fernerhin eine einstündige Mittagspause gewährt werden. (Bislang besteht eine gesetzliche Mittagspause von 1 Stunde; den verheirateten Arbeiterinnen muß auf Verlangen eine 1½stündige Mittagspause gewährt werden.) Eine solche würde genügen, da nur diejenigen verheirateten Arbeiterinnen in Betracht kommen, die ganz in der Nähe der Fabrik wohnen. Von der jetzigen 1½stündigen Mittagspause, auf die sie Anspruch haben, wird nur wenig Gebrauch gemacht. Das liegt teils daran, daß die halbe Stunde dem Verdienst nicht entzogen werden soll, teils daran, daß die Mitarbeiterinnen auf die Verlängerung scheel sehen, weil dadurch der Lohn für alle geringer werden kann.

4. Die eigentliche Arbeitszeit würde demnach am besten von 7—12 und von 12½ bis höchstens 4 Uhr einzurichten sein.

Die oben angeführten Gedanken über die Ernährungsweise der Spinnereiarbeiterinnen werfen ein besonderes Licht auf ihre Lebensart. Verschärft wird dieser Eindruck durch ihre sonstigen Sitten. Sie sind vielfach launisch, argwöhnisch und falsch, unstet und oft sehr roh. Sie stehen im allgemeinen auf einer sehr niederen sozialen Stufe. Ihre Lage zu heben ist eine überaus bedeutsame Aufgabe. Selbstverständlich ist die Frage möglichen Dankes oder Undankes hierbei nicht von Belang, ebensowenig wie der Umstand, daß selbst wertvolle sozialpolitische Maßnahmen oft gar nicht oder sehr spät anerkannt werden.

Die Stellung der Arbeiterinnen gegenüber gewissen Fürsorgemaßnahmen möge durch folgende Beobachtungen beleuchtet werden. Es handelt sich um die Benutzung der Wohnungen in einem Mädchenheim, das von einer Baumwollspinnerei in unmittelbarer Nähe einer Großstadt errichtet worden ist. Die Wohnungen, die einfach, aber hübsch und sauber eingerichtet und mit elektrischem Licht versehen sind, enthalten zwei Betten für zwei ledige Arbeiterinnen. Im ganzen stehen 14 Betten zur Verfügung. Für 2 Mk. wöchentlich erhalten die Mädchen Wohnung, Wäsche, Heizung, Licht, früh Kaffee mit Brötchen und abends Suppe oder Kartoffeln. Die Mädchen sind völlig frei; sie unterstehen keiner Aufsicht. Die Hausordnung bestimmt nur, daß sie in der Woche um 11 Uhr, Sonntags um 1 Uhr nachts zu Hause sein müssen. Man sollte nun erwarten, daß diese Wohnungen nie leer stehen würden; hat doch die betreffende Spinnerei über 250 Arbeiterinnen beschäftigt, wovon etwa 140 verheiratet sind. Selbst wenn man annimmt, daß viele ledige Mädchen bei den Eltern oder Verwandten wohnen, so bleiben immer noch genug übrig, die, so sollte man meinen, gern das Heim aufsuchen müßten. Dennoch aber sind im Höchstfall nur sieben Betten benutzt. Wesentlich ist dabei, daß die Arbeiterinnen zu viel für ihre Freiheit fürchten und sich keinerlei Zwang in ihrer sittlichen Haltung auferlegen wollen, — man muß das unbefangen zugeben: Besuche zweideutiger Art sind natürlich ausgeschlossen. Auch die Einrichtung eines Bades in diesem Heim, das mindestens alle 4 Wochen zu benutzen ist, soll die Mädchen zurückhalten. Wie dem auch sei, die innere Unkultur der meisten Arbeiterinnen in den Spinnereien ist erheblich.

Angeführt sei ferner, daß die Benutzung der Fabriksparkassen den Erwartungen vielfach nicht entspricht. Obgleich in verschiedenen Spinnereien Fabriksparkassen mit einer Verzinsung von 5—7 % eingerichtet sind, werden diese doch nur von einem sehr kleinen Teil der Arbeiterinnen benutzt. Die Lohnfrage mag hier hineinspielen, jedoch auch die individuelle Veranlagung und Lust zum Sparen. Auch die Organisationen muß man mit verantwortlich machen, die diese Sparkassen beargwöhnen, in den Fällen offenkundig mit Unrecht, wo die Fabrikdirektion sich verpflichtet hat, keine Einsicht in die Bücher zu nehmen, um nicht den Verdacht aufkommen zu lassen, bei hohem Sparbestand Lohnverminderungen eintreten zu lassen. Diese Beispiele können leicht durch viele andere aus Fabriken aller Art ergänzt werden.

Das Gesagte deutet nachdrücklich auf die Unzulänglichkeit privater Sozialpolitik hin, mag sie von noch so ethischen und aufrichtigen Momenten getragen sein. Das Ideal wäre rein staatliche Sozialpolitik und keine weitere private Tätigkeit auf diesem Gebiete; nur die Selbsthilfe der Arbeiter könnte und müßte ergänzend eingreifen, z. B. durch genossenschaftlichen Wohnungsbau, Konsumvereine usw. Eventuelle Unterstützung dieser Selbsthilfe durch die Fabriken, die kein Abhängigkeitsgefühl aufkommen läßt, fügt sich in diesen Rahmen ein. Dem jetzt herrschenden Gefühl der Unselbständigkeit in Arbeiterkreisen wird so ein Ziel gesetzt werden; ihr Verantwortlichkeitsgefühl wird gehoben. Wenn die z. B. in Spinnereien zu privater Wohltätigkeit für die Arbeiter verwendeten Mittel zur Aufbesserung der Löhne dienten, wäre dies wertvoller. Die Erziehung weiter Kreise zum sozialen Fühlen und Handeln ist noch unendlich zu fördern.

Man macht besonders für die Rohheit der Arbeiterinnen allein die Fabrikarbeit verantwortlich und sagt, je gröber und schwerer die Arbeit, desto roher seien die Menschen. Am schlimmsten soll es in den Spinnereien sein, und eigentümlicherweise sollen gerade die verheirateten Frauen am rohesten sein.[1] Ich möchte diese Ansicht mildern. Es ist sicher viel Wahrheit daran; aber es braucht nicht unbedingt so zu sein, und es kann Abhilfe geschaffen werden. Ein Beispiel einer Spinnereiarbeiterin zeigt, daß, wenn die Arbeiterinnen selbst mehr auf sich hielten, ihre Arbeiten nicht unbedingt ihren Charakter und ihre Sitten verderben müssen; diese sind meist vor der Fabrikarbeit schon verdorben, und — eine Frage nebenbei — ist es vielleicht in großen Konfektionshäusern besser um die Sittlichkeit und sonstige Lebensweise der Mädchen bestellt?! Die betreffende Arbeiterin hat für ein Lesebuch der zukünftigen obligatorischen Mädchenfortbildungsschule in Leipzig, die für die Arbeiterinnen ein reicher Segen werden kann, einen Artikel geschrieben: Aus dem Arbeitsleben einer Selfaktorspinnerin. Sie ist schon 17 Jahre in der Fabrik, in die sie mit 16 Jahren eintrat, weil ein höherer Lohn winkte, als sie in der Stellung eines Dienstmädchens hätte verdienen können. Wegen der gleichmäßigen Wärme empfiehlt sie als bequemste Kleidung Rock, Jacke, Schürze, ferner Holzpantoffeln. Die Arbeit findet sie nicht gefährlich; ebenso würde der Gesundheitszustand, wenn die Leute etwas auf sich hielten, gut sein. Weiter spricht sie von den Freuden der Arbeit — auch diese gibt es also. Es würde ziemlich viel Geld verdient, es müßte nur mehr geachtet werden. Zuerst habe sie 14 Mark pro Woche verdient, jetzt bis 17 Mark. Wenn auch die Arbeit für den Durchschnittsarbeiter mechanisierend wirke, so könne man doch mit Lust und Liebe an seinem Beruf hängen. Früh war sie sogar eine halbe Stunde eher auf ihrem Platze, um alles sauber zu machen. Moral und Sittlichkeit seien nicht schlechter als in anderen Arbeitsstätten. Jedenfalls komme es auf den Charakter und die Erziehung des Mädchens selbst an; es müsse nur innerlich fest sein. Sie wurde oft zu lehrreichen Vorträgen eingeladen und geht sehr gern ins Theater. Zu bedauern seien die vielen Mütter, die den ganzen Tag in der Fabrik arbeiten müßten. Die Familie der betr. Arbeiterin kann man als Vorbild hinstellen. Der Vater ist von Kindheit auf in derselben Spinnerei. Seine Frau war auch erst in der Spinnerei, trat

[1] M. Wettstein-Adelt, $3^1/_2$ Monate Fabrikarbeiterin. Berlin 1893. S. 6 u. 31.

aber mit ihrer Verheiratung aus. Die Erziehung der Kinder ist tadellos gewesen. Eine andere Arbeiterin stand sich durch die Benutzung der verschiedenen in dieser Spinnerei vorhandenen Wohlfahrtseinrichtungen ebenfalls sehr gut. Man sieht also, es brauchen nicht so verderbliche Zustände zu entstehen, wie allgemein von der Fabrikarbeit geschildert wird. Wie schon oben erwähnt, ist für viele unrationelle und schlechte Handlungsweisen die Tatsache vor allem verantwortlich zu machen, daß die Spinnereiarbeiterinnen aus den untersten Volksschichten stammen und keine rechte Erziehung genossen haben. Deshalb müssten wenigstens in den größeren Spinnereien Inspektorinnen oder Fabrikpflegerinnen angestellt werden, die eine Vertrauensstellung einnehmen. Man braucht keine Sorge zu haben, daß die Mädchen diese nicht in Anspruch nehmen; sie tun es, denn sie haben Vertrauen zu den Fabrikpflegerinnen, die mit ihnen in enger Fühlung stehen. Wie wertvoll eine Fabrikpflegerin für einen größeren Betrieb ist, geht aus einem zur Verfügung gestellten Bericht einer Fabrikpflegerin hervor. Sie muß eine soziale Beamtin mit möglichst guter Vorbildung sein, die die Aufgabe hat, die Nöte, Vorzüge und Fehler der einzelnen Arbeiterinnen kennen zu lernen; sie soll ausgleichend wirken. Sie ist die Vermittlerin zwischen Arbeitgeber und Arbeitnehmer. Gerade in einem Betrieb mit überwiegend weiblichen Beschäftigten ist diese Vermittlung von größtem Nutzen. Die Arbeiterinnen wagen gar nicht, ihre Wünsche und kleinen Nöte der Direktion mitzuteilen, bei der sie meist auch kein Verständnis finden würden. Wie oft konnte Verfasser dagegen beobachten, daß sich die Arbeiterinnen vertrauensvoll an die Fabrikpflegerin wandten. Allerdings muß dies eine Person sein, die energisch in ihrem Beruf ist. Mag sie den Arbeiterinnen noch so weit entgegenkommen, diese dürfen nie die Achtung vor ihr verlieren. Wie oft hat sie Gelegenheit, Streitigkeiten in die richtigen Bahnen zu lenken und die erwünschte Versöhnung herbeizuführen. Durch ihre praktischen Arbeiten als Kassiererin der Sparkasse, als Vermittlerin, als Unterstützende bei Unglücksfällen oder Erkrankungen, als Auszahlerin von Lohnvorschüssen, als beaufsichtigende Person der 14—16jährigen Arbeiter und Arbeiterinnen in ihren gesetzlichen Ruhepausen, oder endlich bei der Kontrolle der Garderoben, Waschräume, Bäder usw. sammelt sie eine reiche Menschenkenntnis, die sie zum Wohle der Arbeiter wie der Fabrik anwenden wird. Für die Arbeiterinnen ist eine Fabrikpflegerin ein großer Segen. Die gesetzliche, obligatorische Anstellung von Fabrikpflegerinnen in Betrieben mit mehr als 200 Arbeiterinnen wäre erwünscht.

b) Der Wechsel der Arbeiterinnen.

Besonders ausgeprägt ist der Wechsel der Arbeiterinnen in den Spinnereien der mittleren und größeren Städte. In den Großstädten klagen die Direktoren, daß es bei ihnen wie in einem Taubenhaus zuginge; was der Arbeit so gut als den Personen selbst schadet,

Je mehr Arbeitsgelegenheiten in einer Stadt vorhanden sind, desto häufiger wechseln die Spinnereiarbeiterinnen. Werden sie nach dem Grund gefragt, so machen sie oft unwahre Angaben. Die Arbeiterinnen sind in der Tat unzuverlässig. Erwartet ein Dienstmädchen ein Kind, so kommt es vor, daß sie vorher die Fabrik aufsucht, um dort Unterschlupf zu finden. Hat eine Arbeiterin mit einer Kollegin wegen einer geringfügigen Sache Streit, so tritt sie in übereilter Weise aus. Oft ist ihr Schatz — mit 16 Jahren haben sie fast alle einen, sie können das 16. Lebensjahr kaum erwarten — oder die Freundin in einer anderen Fabrik; auch dies ist vielfach der Grund des Austritts. Verheiratete Frauen arbeiten oft wochenweise in den Spinnereien, um sich nebenbei etwas zu verdienen, wenn es gelegentlich zu Hause knapp wird. Dies alles bedingt einen regen Wechsel in den Spinnereien. Es muß aber auch auf den Lohn einen entscheidenden Einfluß haben. Die Frauenarbeit wird u. a. auch aus diesem Grunde nicht so hoch gewertet.

Der Arbeiterstamm beträgt in den Spinnereien der größeren Städte ungefähr 50%, die andere Hälfte ist immer unterwegs. In einer Kammgarnspinnerei Leipzigs werden jährlich 300—400 neue Arbeiter eingestellt; die Arbeiterzahl im ganzen beträgt etwa 800. Eine Baumwollspinnerei in der Nähe von Chemnitz hat bei einer Arbeiterzahl von rund 330 Personen, davon 257 weibliche, angenommen:

1912:	344	Arbeiter,	davon 237	weibliche
1913:	320	,,	,, 242	,,

Dabei beträgt der Arbeiterstamm ungefähr 200 Personen. Es folgt daraus, daß viele Arbeiter sogar 2—3mal jährlich wechseln. In einer Flachsspinnerei mit rund 470 Arbeitern, davon 320 weibliche, war der Wechsel wie folgt:

1912:	221	Arbeiter	angenommen,	davon 128	weibliche
1913:	246	,,	,,	,, 153	,,

Der Arbeiterstamm beträgt rund 230 Personen.

Vor allem wechseln natürlich die jüngeren Mädchen häufig; sie fliegen von „Blume zu Blume“, um zu kosten, und suchen wieder neue Abwechslung, um dann doch einmal seßhaft zu werden, vielleicht gerade da, wo sie es vorher nicht gedacht hatten.

Die Gefahr arbeitslos zu werden, tritt für die Spinnereiarbeiterinnen kaum ein; im Gegenteil, fast alle Firmen klagen über Arbeiterinnenmangel. Im allgemeinen ist es richtig, wenn man annimmt, daß sich auf 100 offene Stellen 70—80 weibliche und 130—150 männliche Arbeiter melden. Daher werden auch in Krisenzeiten möglichst wenig Arbeiterinnen entlassen, damit sie nicht in andere Berufe übertreten und so in besseren Zeiten der Mangel um so fühlbarer wird. Die Handelskammerberichte betonen in verschiedenen Jahrgängen, daß keine Ausschließung aus der Fabrik stattgefunden hat, selbst wenn nur zu einem Teil gearbeitet wurde;

manchmal wurden sogar die Löhne unverkürzt weiter gezahlt. Die Arbeiterinnen haben also eine gewisse Auswahl, und deshalb spielt der Arbeitsnachweis für sie nur eine geringe Rolle. Während im allgemeinen in den größeren Städten mehr Arbeitsnachfrage, als offene Stellen vorhanden sind, sich zeigt, haben dies die Arbeiterinnen in den Spinnereien nicht zu fürchten. Sie bekommen fast überall Arbeit, in welcher Spinnerei sie auch immer anklopfen. Sie bemühen sich daher nur wenig auf die verschiedenen Arbeitsnachweise. Es kommt hinzu, daß die organisierten Arbeiterinnen von ihrer Zentrale aus an bestimmte Firmen geleitet werden, obwohl die Gewerkschaften leugnen, daß sie Arbeitsnachweise unterhalten. In Chemnitz, Werdau, Crimmitschau usw. bestehen Arbeitsnachweise für Arbeitgeber, sei es vom Verband der Textilindustriellen (Chemnitz) oder vom Industrieverein (Werdau) usw. Die Geschäftsführer der betreffenden Arbeitsnachweise klagen aber vielfach, daß die Arbeitgeber nicht genügend Interesse an der Einrichtung hätten, sie geben oft die offenen Stellen nicht an usw. Gut organisiert scheint der Arbeitsnachweis in Crimmitschau zu sein. Im allgemeinen hängen die Firmen lieber ihre Ankündigungen über freie Stellen außerhalb der Fabrik auf und unterhandeln dann selbst gleich mit den sich meldenden Arbeiterinnen. Für einen zentralen paritätischen Arbeitsnachweis sind die Arbeitgeber meist nicht zu haben, obwohl es die allein richtige Form des Arbeitsnachweises ist.[1] Zum Teil ist es eine reine Machtfrage. Die Arbeiterinnen müßten gezwungen sein, diesen zu benutzen; natürlich muß er kostenlos sein. Dadurch ersparen die Arbeiterinnen Zeit und Geld, und die Arbeitgeber haben bei einem solchen Arbeitsnachweis eine größere Sicherheit, bald Arbeiterinnen für ihre offenen Stellen zu erhalten. Außerdem werden sie, sobald die besetzte Stelle dem Arbeitsnachweis gemeldet ist, nicht unnötig von Arbeitsuchenden überlaufen.

Wie wenig die Arbeitsnachweise der Arbeitgeber von den Spinnereiarbeiterinnen benutzt werden, geht schon aus folgenden Angaben hervor. In Werdau war bei dem Arbeitsnachweis des Industrievereins folgender Verkehr zu verzeichnen:

Jahr	Weibliche Arbeitsuchende[2]	Davon einen Schein bekommen für eine Fabrik	Davon eingestellt
1913	670	518	501
1912	645	569	544
1911	597	538	506

Die Arbeiterinnen benutzen den Arbeitsnachweis nicht in ausgiebiger Weise. Dies erhellt auch aus der Tatsache, daß für 1913 die Zahl der gemeldeten offenen Stellen für Arbeiterinnen — nur für

[1] Vgl. Stieda, Der paritätische Arbeitsnachweis in Leipzig, 1903. Derselbe, Die gemeinnützige Arbeitsnachweisbewegung, Nossen 1911.

[2] Es kommen dabei in Werdau nur Spinnereiarbeiterinnen in Betracht.

dieses Jahr liegen die Zahlen nach männlichen und weiblichen Arbeitern getrennt vor — 962 betrug, dagegen die Zahl der gemeldeten Arbeiterinnen nur 670. Die Differenz von rund 300 ist sicher größer als der tatsächliche Mangel in den Fabriken beträgt.

Auch in der Chemnitzer Arbeitsnachweisstelle des Verbandes der Textilindustriellen von Chemnitz und Umgebung ist die Zahl der arbeitsuchenden Arbeiterinnen für Spinnereien gering.[1] Während 1913 — soweit die Arbeitsnachweisstelle überhaupt benachrichtigt worden ist — die Zahl der eingestellten Spinnereiarbeiterinnen 971 betrug, wurden durch Nachweisscheine nur 447 eingestellt, d. h. 46 %. Im Jahre 1912 waren es 47,9 %. Zusammen wurden in der gesamten Textilindustrie von Chemnitz und Umgebung im Jahre 1913 laut Jahresbericht 4532 weibliche Personen eingestellt, davon 2030 durch Nachweisscheine, d. h. 44,8 %. Man sieht hieraus, daß die gesamte Textilindustrie genügendes Arbeiterinnenangebot auch ohne Nachweis hat; woraus viele Arbeitgeber glauben schließen zu können, daß für sie ein Arbeitsnachweis, wie er auch immer geleitet sein mag, überhaupt wenig Wert habe. Ein Arbeitsnachweis soll jedoch in erster Linie den Arbeitsuchenden zugute kommen, und für diese ist ein zentralisierter paritätischer Arbeitsnachweis von hohem Nutzen.

c) Organisationsfragen.

Das unstete Wesen der Arbeiterin kommt auch in der Organisation deutlich zum Ausdruck. Es ist bekannt, daß die Gewerkschaften über die Unzuverlässigkeit der weiblichen Mitglieder klagen. Der Gedanke, daß ihre Arbeit nur vorübergehend sei und nur Zuschüsse zum Gesamteinkommen bringen soll, ist bei den meisten Arbeiterinnen noch vorherrschend. Sie sehen oft den Wert der Organisation nicht ein, da sie keine augenblicklich greifbaren Erfolge merken. Sie bleiben die Beiträge schuldig und müssen deshalb aus der Mitgliederliste gestrichen werden. Gelegentlich größerer Versammlungen lassen sie sich schnell für die Sache begeistern und treten in Massen bei. Aber bald erlischt ihr Interesse; sie bleiben nicht fest. Anläßlich einer großen Versammlung in Chemnitz hatten z. B. 130 Arbeiterinnen einer Spinnerei ihren Beitritt zur Organisation erklärt. Nach vier Wochen waren davon nur noch vier Arbeiterinnen organisiert! Es wird aber behauptet, daß diejenigen Frauen, die einmal den Wert der Organisation erkannt haben, die begeistertsten Anhänger sind. Es muß unseres Erachtens ferner berücksichtigt werden, daß die Arbeiterinnen nicht so stark sozialdemokratischen Tendenzen huldigen, wie sie in den freien Gewerkschaften gepflogen werden, und auf die die Arbeiterinnen in Sachsen im allgemeinen angewiesen sind. Politisch-neutrale Arbeiterberufsvereine wären an sich lebhaft zu begrüßen, sind freilich schwer durchführbar. Richtig

---

[1] XIX. Jahresbericht der Arbeitsnachweisstelle des Verbandes der Textilindustriellen von Chemnitz und Umgebung.

betont Gertrud Dyhrenfurth[1], daß die Organisation bisher zu sehr auf die Männerarbeit zugeschnitten und dadurch die individuelle Behandlung der Frau innerhalb der Organisation, die unbedingt nötig ist, völlig ausgeschlossen war. Sie empfiehlt die Gründung von reinen Frauengewerkschaften nach dem Vorbild des „Gewerkvereins der Heimarbeiterinnen Deutschlands".

Die organisierten Spinnereiarbeiterinnen gehören zum größten Teil der Beitragsklasse II an, die wöchentlich 30 Pf. fordert. Den Filialen steht das Recht zu, den Wochenbeitrag zu erhöhen. Dafür erhalten die Arbeiterinnen folgende Unterstützungen.[2] Die Streikunterstützung beträgt für Klasse II bei 26—51 Wochenbeiträgen 1 Mark täglich, bei 52 Wochenbeiträgen und mehr 1,20 Mark täglich. Für jedes Kind 75 Pf. wöchentlich. Bemerkung: weiblichen Mitgliedern wird die Unterstützung für Kinder nur dann bezahlt, wenn sie alleinige Ernährer derselben sind. Die Gemaßregeltenunterstützung beträgt für Klasse II bis zu 25 Wochenbeiträgen 1,50 Mark täglich, von 26—51 Wochenbeiträgen 1,75 Mark täglich, bei 52 Wochenbeiträgen und mehr 2 Mark täglich. Für jedes Kind 75 Pf. wöchentlich (s. die Bemerkung oben bei „Streikunterstützung"). Die Reiseunterstützung beträgt in Klasse II und III bei 52 bis 103 Wochenbeiträgen pro Kilometer 2 Pf. bis 15 Mark, bei 104 bis 207 Wochenbeiträgen pro Kilometer 2 Pf. bis 22,50 Mark, bei 208 und mehr Wochenbeiträgen pro Kilometer 2 Pf. bis 30 Mark. Daneben können noch täglich zahlbare Aufenthaltsgelder gewährt werden, und zwar in Klasse II und III täglich 75 Pf. Diese Unterstützung kommt für Spinnereiarbeiterinnen wohl wenig in Anwendung. Mit Umzugsunterstützung werden solche Mitglieder bedacht, die mindestens ein Jahr dem Verbande angehören und 52 Wochenbeiträge bezahlt haben, einen eigenen Haushalt führen und wegen Streik, Maßregelung oder nicht selbstverschuldeter Arbeitslosigkeit gezwungen sind, ihren Aufenthaltsort zu verlassen, weil Arbeit am Orte nicht zu erhalten ist. Für Spinnereiarbeiterinnen kommt diese Unterstützung ebenfalls weniger in Betracht. Sie beträgt in Klasse II bei 10—75 km 10 Mark, bei 76—150 km 22,50 Mark, bei über 150 km 35 Mark. Auch die Arbeitslosenunterstützung hat kaum für Spinnereiarbeiterinnen praktische Wirkung. Sie kann im Falle unverschuldeter Arbeitslosigkeit gewährt werden und beträgt für Klasse II:

			täglich	bis ... Tage	Höchstsatz
nach	52	Wochenbeiträgen	60 Pf.	40	24 Mk.
„	104	„	70 „	50	35 „
„	156	„	80 „	60	48 „
„	208	„	90 „	60	54 „
„	364	„	90 „	70	63 „
„	520	„	90 „	80	72 „

[1] Gertrud Dyhrenfurth, Die Organisation der Arbeiterinnen. Soziale Praxis 1907, Nr. 20 u. 21.

[2] Statut des Deutschen Textilarbeiterverbandes, gültig vom 1. Januar 1913.

Besonders in Betracht kommt natürlich die Krankenunterstützung. Sie beträgt in Klasse II:

			täglich	bis ... Tage	Höchstsatz
nach	52	Wochenbeiträgen	30 Pf.	40	12 Mk.
„	104	„	40 „	50	20 „
„	156	„	50 „	60	30 „
„	208	„	60 „	60	36 „
„	364	„	60 „	70	42 „
„	520	„	60 „	80	48 „

Die festgesetzte Zuschußkrankenunterstützung wird auch Wöchnerinnen für 36 Tage — per sofort — d. h. im voraus nach Bestätigung der Geburt ausgezahlt.

Die Sterbeunterstützung kann den Angehörigen eines verstorbenen Mitgliedes gewährt werden. Sie beträgt in Klasse II nach 104 Wochenbeiträgen 15 Mark, nach 208 Wochenbeiträgen 20 Mark, nach 312: 25 Mark, nach 520: 30 Mark.

Für die Klassen III—V sind die Beiträge und die erfolgenden Unterstützungen natürlich entsprechend höher.

Ohne auf eine Kritik der hier angeführten Tatsachen eingehen zu wollen, ist der Segen der Organisation unverkennbar. Bis jetzt sind die Spinnereiarbeiterinnen, wie die Fabrikarbeiterinnen überhaupt, noch verhältnismäßig wenig organisiert. Immerhin hat die Organisation auch unter ihnen große Fortschritte gemacht. Die freien Gewerkschaften konnten am Anfang dieses Jahres von der ersten Viertelmillion weiblicher Gewerkschafter in Deutschland berichten. Von den gesamten Textilarbeitern Deutschlands waren in den freien Gewerkschaften organisiert (im Jahresdurchschnitt)[1]:

1902:	38178,	davon weiblich	6654
1903:	54556,	„ „	12040
1904:	53568,	„ „	13126
1905:	66959,	„ „	20598
1906:	101055,	„ „	37020
1907:	121265,	„ „	44277
1908:	116403,	„ „	42655
1909:	109488,	„ „	34986
1910:	113822,	„ „	39524

Während die Mitgliederzahl überhaupt von 1902—1910 um rund 198 % zugenommen hat, hat sich die Zahl der weiblichen Mitglieder um rund 494 % erhöht.

Die Zahl der weiblichen Mitglieder des Gewerkschaftskartells für Crimmitschau und Umgegend[2] ist von 283 im Jahre 1898 auf 2174 im Jahre 1911 gewachsen, nachdem sie 1903 ihren Höchststand

[1] Reichsarbeitsblatt, Jahrgänge 1903/04—1911.

[2] Bericht des Gewerkschaftskartells für Crimmitschau und Umgegend auf die Jahre 1910/11.

mit 3216 erreicht hatte. Der Zuwachs von 1898—1911 betrug 668%; der Gesamtzuwachs an Mitgliedern in dieser Zeit nur 173%. Leider waren speziell in Bezug auf die organisierten Spinnereiarbeiterinnen Sachsens keine genauen Zahlen zu erfahren, so daß wir dem nicht weiter nachgehen können. Die Zentralstelle der freien Gewerkschaften in Berlin verweigerte jedes Material über Einzelheiten der Organisation. Ziemlich sichere Zahlen waren nur für Leipzig zu ermitteln. Es kommen für die Organisation der weiblichen Arbeiter in der Textilindustrie Leipzigs nach den Angaben des Textilarbeiterverbandes zu Leipzig fast nur Spinnereiarbeiterinnen in Betracht, so daß wir die Organisationszahlen, ohne einen merklichen Fehler zu begehen, auf die Spinnereiarbeiterinnen anwenden können. Es gab 1913 in Leipzig 5788 Spinnereiarbeiterinnen (einschließlich Wollkämmerei).[1] Davon waren organisiert am Ende des Jahres 1274, d. h. rund 22%. Männliche Spinnereiarbeiter gab es 2732, davon waren organisiert 1300, also 47,6%. Interessant sind die Schwankungen während der Quartale:

Ende des 1. Quartals 1913 waren organisiert 1426 Textilarbeiterinnen
„ „ 2. „ 1913 „ „ 1380 „
„ „ 3. „ 1913 „ „ 1221 „
„ „ 4. „ 1913 „ „ 1274 „

Die Entwicklungsreihe der organisierten weiblichen Mitglieder der Textilindustrie in Leipzig, die wir also mit den Spinnereiarbeiterinnen gleichsetzen können, lautet für jedes 4. Quartal der Jahre 1902—1913:

1902:	402	weibliche Mitglieder
1903:	649	„ „
1904:	629	„ „
1905:	959	„ „
1906:	1072	„ „
1907:	1252	„ „
1908:	1057	„ „
1909:	789	„ „
1910:	769	„ „
1911:	904	„ „
1912:	1466	„ „
1913:	1274	„ „

Man erkennt aus der Tabelle deutlich die unstetige, systemlose Entwicklung der Organisation. Den Höhepunkt der Mitgliederzahl brachte das Jahr 1912 mit 1466 weiblichen Mitgliedern. 1907 war nahezu dieselbe Mitgliederzahl erreicht wie 1913. Im ganzen hat die weibliche Mitgliederzahl bis 1913 um rund 217% zugenommen. Während die weiblichen Mitglieder 1902 46,9% aller organisierten Textilarbeiter ausmachten, betrug ihre Zahl 1913 49,5%. Es hat

[1] Nach einer Statistik des Gewerbeamtes zu Leipzig.

also keine bedeutende Verschiebung stattgefunden, was daran liegt, daß die Zahl der organisierten männlichen Arbeiter in diesem Zeitraum auch stark gestiegen ist (von 456 auf 1300). Die Zahl der organisierten Arbeiterinnen in den Spinnereien von Leipzig (22 %) ist als sehr gering anzusprechen. In anderen Orten mag die Mitgliederzahl relativ höher sein. So gibt der Bericht des Gewerkschaftskartells für Crimmitschau und Umgegend auf die Jahre 1910/11 die Zahl der weiblichen Organisierten für die gesamte Crimmitschauer Textilindustrie auf rund 50 % aller Textilarbeiterinnen an. Die Zahl der organisierten Textilarbeiterinnen Crimmitschaus hat vom 4. Quartal 1902 bis zum 3. Quartal 1911 um 160 % zugenommen.

Wir möchten das Beispiel für Leipzig nicht verallgemeinern. Jedoch dürften wir uns wohl kaum täuschen, wenn wir die Zahl der organisierten Spinnereiarbeiterinnen für andere Orte nicht über 25—30 % annehmen. Vor allem sind die verheirateten Arbeiterinnen, die in der Spinnereiindustrie eine große Rolle spielen, ein wesentliches Hemmnis der Organisation.

Trotzdem die weiblichen Personen in großer Übermacht in den Spinnereien sind, spielen sie z. B. auch in den Arbeiterausschüssen eine geringe Rolle. Soweit sie überhaupt in ihnen vertreten sind, bilden sie nur einen geringen Prozentsatz der beteiligten Personen, während sie mindestens die Hälfte der Sitze innehaben müßten. Eigenartigerweise werden sie von ihren männlichen Kollegen, die doch sonst für Gleichberechtigung der Frau usw. schwärmen, möglichst zurückgehalten. Es ist eben wie so oft eine reine Machtfrage; die Männer glauben, dadurch im Ausschuß an Einfluß und Macht zu verlieren. Die Einwände, die Frau sage nichts bei der Debatte, sei schüchtern usw., sind in der Tat nicht stichhaltig. Aber die Frauen sind zum größten Teil selbst an der geringen Vertretung schuld; sie verstehen es nicht sich zusammenzuschließen, um dadurch zum Ziele zu gelangen. Sonderinteressen und Gleichgültigkeit spielen bei vielen Frauen noch eine große Rolle. Auch sind die vielen verheirateten Arbeiterinnen, wie schon oben erwähnt, ein hemmender Faktor.

d) Verheiratete Arbeiterinnen in der Spinnereiindustrie Sachsens.

Einen höchst wichtigen Anteil an der Fabrikarbeit weiblicher Personen in der Spinnereiindustrie Sachsens bilden die Verheirateten. Während in der Weberei z. B. die verheirateten Arbeiterinnen sich vielfach auf Heimarbeit beschränken, sind sie in der Spinnerei nur auf die geschlossenen Betriebe angewiesen. Schon 1882 waren nur noch 38 weibliche und 15 männliche Gehilfen und Arbeiter in Spinnereien als Hausbetrieb in ganz Sachsen hauptberuflich tätig.[1] Dagegen betrug die Zahl der in den Fabrikbetrieben hauptberuflich

[1] Zeitschrift des Kgl. Sächsischen Statistischen Bureaus, Dresden 1886. Supplementheft, S. 58.

tätigen Gehilfen und Arbeiter weiblichen Geschlechts 12611. Davon waren:

ledig und geschieden . . . . 10002 = 79,3 %
verheiratet . . . . 1950 = 15,5 %
verwitwet . . . . 659 = 5,2 %

Von allen Spinnereiarbeitern machte die eheweibliche (ausschließlich verwitwete und geschiedene Frauen) Fabrikarbeit 8,8 % aus. Auf die einzelnen Altersklassen verteilten sich 1882 die verheirateten Arbeiterinnen in den Spinnereien wie folgt:

Alter.

15—20		20—30		30—40		40—50	
verh.	auf 100 aller verh. Spinn.-Arbeit.	verh.	auf 100	verh.	auf 100	verh.	auf 100
9	0,5	778	39,9	617	31,6	369	18,9

50—60		60—70		70 und mehr		zusammen	
verh.	auf 100 aller verh. Spinn.-Arbeit.	verh.	auf 100	verh.	auf 100	verh.	auf 100
148	7,6	27	1,4	2	0,1	1950	100

Naturgemäß sind in der Altersklasse von 20—30 Jahren die meisten verheirateten Arbeiterinnen anzutreffen, nämlich rund 40 %. Eine wertvollere Vergleichung läßt folgende Tabelle zu:

Alter	ledig u. geschieden	verh.	verw.	zus.	Verheiratete
15—20	4982	9	—	4991	0,2 %
20—30	3304	778	45	4127	18,9 %
30—40	418	617	146	1181	52,2 %
40—50	173	369	162	704	52,4 %
50—60	72	148	173	393	37,7 %
60—70	24	27	114	165	16,4 %
70 u. mehr	6	2	19	27	7,4 %

In den Altersklassen 30—40 und 40—50 Jahre waren 1882 über die Hälfte aller Arbeiterinnen verheiratet. Auch die nächste Altersklasse weist noch einen hohen Prozentsatz (37,7 %) auf. Von den hauptberuflich tätigen Spinnereiarbeiterinnen über 15 Jahre waren im ganzen 16,8 % verheiratet, einschließlich der Witwen 22,5 %.

Für 1890 gibt Martin[1] die Zahl der verheirateten Frauen in sämtlichen Spinnereien Sachsens auf 12,5 % aller Arbeiter an (ohne

[1] Martin, Die Ausschließung verheirateter Frauen aus der Fabrik. Zeitschrift für die gesamte Staatswissenschaft, Tübingen 1896, 52. Jahrgang, S. 125.

Witwen), während der Prozentsatz des Deutschen Reiches nur 10,3 % betrug. Die Spinnerei Sachsens verwendet also relativ mehr eheweibliche Arbeiter als die gesamte Spinnerei Deutschlands.

Die Berufszählung von 1895[1] liefert folgende Ergebnisse:

Von ... Arbeiterinnen über 16 Jahre waren verheiratet v. H. in Hauptbetrieben mit ... Personen.

Art der Spinnerei	1—5		6—10		11—20		21—100		101—500		500 u. mehr	
	Arb.	verh. v. H.	Arb.	verh. v. H.	Arb.	verh. v. H.	Arb.	verh. v. H.	Arb.	verh. v. H.	Arb.	verh. v. H.
Seiden- und Seidenshoddyspinnerei	—	—	—	—	47	10,6	85	41,2	—	—	—	—
Wollenspinnerei	19	36,8	111	29,7	323	38,1	1222	38,9	3152	12,6	1953	17,8
Mungo- u. Shoddyherstellung und Spinnerei	—	—	2	100,0	24	8,3	131	15,3	—	—	—	—
Flachs- und Hanfhechelei u. -Spinnerei	10	10,0	30	30,0	47	23,4	421	14,0	589	23,3	652	53,2
Jutespinnerei	—	—	—	—	—	—	—	—	256	38,3	433	73,7
Baumwollspinnerei	35	11,4	52	9,6	81	8,6	945	18,6	3621	28,0	706	39,8
Vigognespinnerei	—	—	5	20,0	153	17,0	1784	30,3	2545	18,6	—	—
Spinnerei and. Stoffe	—	—	3	—	6	50,0	13	23,1	—	—	—	—
Summe	64	18,8	203	24,6	681	26,0	4601	26,3	10163	24,7	3744	34,6

Von 19456 hauptberuflich tätigen Spinnereiarbeiterinnen über 16 Jahre waren 5256 verheiratet, d. h. 27,0 %. Auf alle hauptberuflich tätigen weiblichen Gehilfen und Arbeiter in der Spinnerei bezogen, waren 23,9 % verheiratet. Leider können wir aus der Tabelle nicht die Zahl der Witwen und Geschiedenen feststellen; sie sind in obiger Prozentziffer mit enthalten. Im Vergleich zu 1882 ist aber eine geringe prozentuale Zunahme der eheweiblichen Fabrikarbeit zu verzeichnen, da 1882 nur 22,5 % verheiratete und verwitwete Spinnereiarbeiterinnen über 15 Jahre gezählt wurden und die Zahl der Geschiedenen nur einen geringen Prozentsatz ausmacht. Die höchste relative Zahl der eheweiblichen Spinnereiarbeit weisen die Großbetriebe mit 500 und mehr Personen auf und davon wieder die Jutespinnerei mit rund 74 % verheirateter Arbeiterinnen. Die mittleren Betriebe halten sich mit 24 und 26 % ziemlich die Wage; in der Klasse 101—500 Personen ist sogar ein geringes relatives Sinken der eheweiblichen Fabrikarbeit zu verzeichnen. Am geringsten ist die Betätigung verheirateter Arbeiterinnen in den Kleinbetrieben mit 1—5 Personen, nämlich 18,8 %.

Aus der Berufs- und Betriebszählung von 1907[2] können wir folgende Ergebnisse ableiten:

[1] Zeitschrift des Kgl. Sächs. Statistischen Bureaus 1898, S. 164 f.
[2] Zeitschrift des Kgl. Sächs. Statistischen Landesamtes 1910, S. 48 ff.

Von ... Arbeiterinnen über 16 Jahre waren verheiratet v. H. in Hauptbetrieben mit ... Personen.

Art der Spinnerei	mit bis 3		4 und 5		6—10		11—50		51—200		201—1000		über 1000	
	Arb.	verh. v. H.	Arb.	verh. v. H.	Arb.	verh. v. H.	Arb.	verh. v. H.	Arb.	verh. v. H.	Arb.	verh. v. H.	Arb.	verh. v. H.
Seiden- u. Seidenshoddyspinnerei	1	—	4	—	12	25,0	134	27,6	—	—	—	—	—	—
Wollspinnerei	4	25,0	3	66,7	67	32,8	1371	42,8	2308	38,8	4924	22,2	2260	31,2
Mungo- u. Shoddyspinnerei	—	—	—	—	—	—	—	—	51	25,5	—	—	—	—
Flachs- u. Hanfspinnerei	—	—	2	—	8	—	10	60,0	371	36,4	1044	36,1	—	—
Jutespinnerei	—	—	—	—	—	—	—	—	162	25,9	1112	38,2	—	—
Baumwollspinnerei	10	10,0	18	11,1	50	52,0	718	28,6	2659	26,4	4746	31,6	1263	35,3
Vigognespinnerei	—	—	—	—	—	—	354	45,8	3189	35,2	427	40,0	—	—
Spinnerei anderer Stoffe	5	20,0	3	66,7	6	33,3	109	45,9	263	24,0	227	56,4	—	—
Summe	20	15,0	30	20,0	143	37,1	2696	38,8	9003	33,0	12480	29,6	3523	32,7

Von 27895 hauptberuflich tätigen Spinnereiarbeiterinnen über 16 Jahre waren 1907 8923 verheiratet (einschließlich der Witwen und Geschiedenen), d. h. 32,0 %. Auf alle hauptberuflich tätigen Arbeiterinnen in den Spinnereien bezogen, waren 28,9 % verheiratet. Die eheweibliche Fabrikarbeit in den Spinnereien hat gegen 1895 um 5 % zugenommen, gegen 1882 um 9,5 %. Die Zahl der weiblichen Personen in den Spinnereien hat von 1895—1907 dagegen nur um 4,6 % zugenommen.

Wie der Anteil der eheweiblichen Fabrikarbeit im allgemeinen in der gesamten Industrie gestiegen ist, zeigt folgender Vergleich:[1]

Jahr	Ledige	Verheiratete	Verwitwete u. Geschiedene
1882	70,3 %	13,2 %	16,5 %
1895	69,6 %	16,5 %	14,5 %
1907	67,1 %	21,3 %	11,6 %

Von 26637 erwerbstätigen weiblichen Personen in Spinnereien und Wattefabrikation waren 1907[2]:

Alter	Gelernte Arbeiterinnen, auch Lehrlinge				Ungelernte Arbeiterinnen und sonstige Hilfspersonen			
	ledig	verh.	verw. u. gesch.	zus.	ledig	verh.	verw. u. gesch.	zus.
unter 14	25	—	—	25	62	—	—	62
14—16	966	—	—	966	1623	—	—	1623
16—18	1558	1	—	1559	2153	8	—	2161
18—20	1544	31	1	1606	1951	39	2	1992

[1] Käte Winkelmann a. a. O., S. 76.

[2] Zeitschrift des Kgl. Sächs. Statistischen Landesamtes, 1909, S. 79.

Alter	Gelernte Arbeiterinnen, auch Lehrlinge				Ungelernte Arbeiterinnen und sonstige Hilfspersonen			
	ledig	verh.	verw. u. gesch.	zus.	ledig	verh.	verw. u. gesch.	zus.
20—25	2344	539	15	2898	2809	602	7	3418
25—30	550	649	38	1237	712	821	57	1590
30—40	326	936	135	1397	482	1242	216	1940
40—50	142	609	206	957	188	918	334	1440
50—60	33	196	164	393	101	437	353	891
60—70	10	36	50	96	29	116	181	326
70 u. m.	2	3	5	10	8	11	31	50

In den Altersklassen von 25—50 Jahren waren verheiratet:

Gelernte Arbeiterinnen: 61 % aller Arbeiterinnen
Ungelernte „ : 60 % „ „

Damit wird ein gewaltiges Problem aufgerollt.

Am meisten war die eheweibliche Arbeit 1907 in den mittleren Spinnereibetrieben von 11—50 Personen vertreten, nämlich mit 38,8 %. In den Großbetrieben von über 200 Personen hat die Zahl der verheirateten Arbeiterinnen nur wenig zugenommen; es handelt sich um 2—3 %. Wir können annehmen, daß in den Großbetrieben über 200 Personen durchschnittlich gegen 30 % der Arbeiter verheiratete Frauen sind. Dies ist ein Faktor, mit dem unbedingt gerechnet werden muß, und der sich nicht leicht entfernen lassen wird. Es sind in der Theorie schon viele Vorschläge gemacht worden, die eheweibliche Fabrikarbeit zu bekämpfen. Aber nicht überall ist sie so stark vertreten wie in der sächsischen Spinnereiindustrie. Deshalb können hier nur mit größter Vorsicht Abänderungsvorschläge vorgebracht werden, da Ersatz für die verheirateten Arbeiterinnen schwer zu beschaffen ist. Jedenfalls muß man es im höchsten Maße bedauern, daß soviel verheiratete Arbeiterinnen in den Spinnereien tätig sind. Was früher in Bezug auf die Frauenfabrikarbeit gesündigt worden ist, kann jetzt nicht plötzlich gutgemacht werden. Es würde zum mindesten einer langen Übergangszeit bedürfen, ehe die verheirateten Arbeiterinnen ganz aus den Spinnereien verschwinden könnten.

Vielfach fassen die Arbeiterfamilien den Mutterberuf, wenn man so sagen darf, nicht ernst genug auf, sonst würden immerhin weniger verheiratete Frauen in die Fabrik gehen. Der Ehemann ist oft daran schuld, da er der Frau trotz verhältnismäßig hohen Lohnes viel zu wenig davon abgibt. Die Arbeiter überlassen es vielfach der Frau, sich ihren Unterhalt selbst zu verdienen. Aber auch die verheirateten Frauen selbst gehen sehr leichtsinnig mit ihrer Gesundheit um. Bis kurz vor der Niederkunft arbeiten sie an ihren Maschinen, ja nicht selten werden sie dort von der Niederkunft überrascht. Die wirtschaftliche Zwangslage vieler ist allerdings nicht zu verkennen. Die jetzige gesetzliche Regelung von 8 Wochen Wöchnerinnenschutz, wobei 14 Tage vor der Geburt die Arbeit einzustellen ist, ist unzureichend. Vor allem ist die Frist vor der Niederkunft bedeutend zu verlängern. Gleichzeitig müssen die Frauen und unehelichen Mütter gezwungen werden, sich rechtzeitig krank zu melden. Außerdem muß die Unterstützung bedeutend erhöht werden. Nur so kann dem Eintritt hochschwangerer Frauen und Mädchen in die Spinnereien, die sie oft nur als Unterschlupf benutzen, da die Spinnereiindustrie zum Teil keine gelernte Arbeit erfordert, Einhalt geboten werden; außerdem gereicht die längere Schutzfrist vor der Niederkunft den Frauen selbst nur zum Segen.

Einen wesentlichen Faktor spielt bei der ehelichen Fabrikarbeit die Gewohnheit. Es fällt schwer, eine Berufsarbeit aufzugeben, wenn man am meisten in ihr eingeübt ist, wenn gerade die Freude und der Verdienst den höchsten Gipfel erreicht haben.[1] Daher macht man auch die Erfahrung, daß nur wenige bei ihrer Verheiratung aus den Spinnereien austreten. Meist ist es die Unterschätzung der Bedeutung der Tätigkeit der Frau im Hause und die Überschätzung des Barverdienstes, die die verheiratete Frau in die Fabrik treibt.[2] Die Arbeiterinnen sind vielfach sehr wenig hauswirtschaftlich erzogen, und wenn man immer wieder betont, die Fabrikarbeit mache die Mädchen so schlecht und raube ihnen einen großen Teil ihres weiblichen Wesens, so muß man dem entgegenhalten, daß ganz andere Momente mit im Spiele sind: die häusliche Erziehung, das schlechte Beispiel der Eltern, die Sucht nach Vergnügungen und Freiheit, die den Mädchen schon zeitig eingeimpft wird. In dieser Beziehung kann die in Leipzig vom 1. April 1915 ab einzurichtende obligatorische Mädchenfortbildungsschule reichen Segen stiften, da viel Wert auf hauswirtschaftlichen Unterricht gelegt wird. Welche Schwierigkeiten sich allerdings in der Praxis zunächst ergeben werden, muß abgewartet werden. Die Mädchen müssen drei Jahre lang nach der Schulentlassung wöchentlich sechs Stunden Unterricht genießen, entweder zweimal drei Stunden oder dreimal zwei Stunden. Bei einer Annahme von 30—40 Ostermädchen in einer Spinnerei fällt dies das erste Jahr noch nicht allzu sehr ins Gewicht, denn es ist bei dieser kleinen Zahl möglich, daß die Mädchen abwechselnd zur Schule gehen. Im zweiten Jahr sind es schon 60—70 Mädchen, im dritten gar 100. Die Praxis wird manche Schwierigkeiten zu überwinden haben. Vielleicht hätten zwei Jahre Unterricht auch genügt. Es kann leicht durch diese Maßnahmen dahin kommen, daß die Mädchen von den Fabriken überhaupt erst mit 16 Jahren eingestellt werden. Sollte das Fortbildungsschulgesetz dies erreichen, dann wäre es doppelt wertvoll.

Die Möglichkeit der Beschäftigung der Frauen in Fabriken verleitet die Arbeiter oft zu frühzeitigem Heiraten, da sie die Frau ohne weiteres als unterstützendes Mitglied der Familie betrachten. In wie leichtsinniger und übereilter Weise oft Arbeiterehen eingegangen werden, soll hier nur angedeutet werden; oft spielen auch die un-

[1] Wilbrandt, Die Frauenarbeit. Leipzig 1906. Sammlung Aus Natur und Geisteswelt, S. 44.

[2] Van den Boom, Die Beschäftigung verheirateter Frauen in den Fabriken und die Möglichkeit ihrer Beschränkung. Arbeiterwohl, 21. Jahrgang, 6.—8. Heft.

ehelichen Kinder dabei eine Rolle. Durch die Möglichkeit der eheweiblichen Fabrikarbeit werden die unehelichen Geburten begünstigt, da die Arbeiterinnen hoffen, bald zu heiraten und dann das oder die Kinder durch den Verdienst in der Fabrik mit großziehen zu können. Der Verdienst des Mannes würde allerdings kaum ausreichen, wenn schon 1—2 Kinder mit in die Ehe gebracht werden. Die unehelichen Geburten nehmen in der Tat einen hohen Prozentsatz aller Geburten in den Spinnereien ein. Eine von privater Seite für das Jahr 1898 sehr sorgfältig zusammengestellte Statistik für die Spinnereien Leipzigs verzeichnet 47 % eheliche Geburten und 53 % uneheliche Geburten.

Es scheint neuerdings eine Abnahme der Geburten auch in Arbeiterkreisen im allgemeinen und besonders auch der unehelichen Geburten eingetreten zu sein. Ohne folgendes Beispiel als allgemein gültig hinzustellen, möge es doch zur Charakteristik des Vorgesagten dienen. In der Vorspinnerei einer großen Kammgarnspinnerei waren 1913 zusammen 64 weibliche Personen beschäftigt, davon 48 Verheiratete (!). Von diesen 48 Verheirateten hatten Kinder 79,0 %; von 16 ledigen Arbeiterinnen 25,0 %. Die 48 Verheirateten hatten zusammen 98 Kinder, also durchschnittlich 2 Kinder auf eine Person. Die 16 ledigen Arbeiterinnen hatten 5 Kinder, also durchschnittlich 0,3 Kinder auf eine Person.

Rose Otto führt an, daß der Anteil des Fraueneinkommens am Gesamteinkommen der Familie bei Fabrikarbeiterinnen oft durchschnittlich 30 % beträgt.[1] Dies ist ein Faktor, auf den wohl schlecht zu verzichten wäre. Ein gesetzliches Verbot der Fabrikarbeit verheirateter Arbeiterinnen müßte unbedingt eine Menge anderer sozialer Gesetze mit sich bringen; das erhellt gerade aus der großen Zahl der verheirateten Arbeiterinnen in den Spinnereien deutlich. Eine Arbeitslosenversicherung wäre unbedingt nötig, Mutterschaftsprämien, gesetzliche Regelung der Heimarbeit usw. wären erforderlich. Eins muß aber berücksichtigt werden: bei weniger weiblicher Konkurrenz wird der Lohn der männlichen Arbeiter steigen, und so kommt die Familie auf eine höhere Lebenshaltung. Doch dies würde erst wesentlich in die Erscheinung treten, wenn alle Frauen aus der Fabrik ausgeschlossen würden.

Wir können uns hier auf Vorschläge zur Verbesserung oder Bekämpfung der eheweiblichen Fabrikarbeit im allgemeinen nicht eingehend einlassen, da solche den Rahmen unserer Betrachtungen überschreiten würden. Man vgl. hierüber die Werke von Pohle[2], Rose Otto[3], Martin[4], van den Boom[5] u. a. Nur die Vorschläge, die Einfluß auf die Spinnerei haben, sollen erörtert werden.

Das Halbzeitsystem, das als Vorschlag gedient hat[6], kann man

---

[1] Rose Otto, a. a. O., S. 189.
[2] Pohle, Frauen-Fabrikarbeit und Frauenfrage. Leipzig 1900.
[3] Rose Otto, a. a. O.
[4] Martin, a. a. O.
[5] Van den Boom, a. a. O.
[6] Herkner, Arbeiterfrage, 5. Aufl., S. 287.

aus dem einfachen Grunde nicht befürworten, da gar nicht genug weibliche Personen für die Spinnereien vorhanden sind, um auch noch ausgewechselt werden zu können. Pohle ist optimistisch genug, um anzunehmen, daß leicht Ersatz zu beschaffen wäre, wenn die Fabrikarbeit verheirateter Frauen nur beschränkt, nicht ganz aufgehoben würde; und zwar so, daß nur diejenigen, die Mutterpflichten zu erfüllen haben und nicht durch ganze oder teilweise Arbeitsunfähigkeit ihres Gatten zu eigener Erwerbstätigkeit gezwungen sind, von der Fabrikarbeit ausgeschlossen werden. Auf diese Weise würde nur der 6.—7. Teil der weiblichen Arbeiterschaft betroffen.[1] Danach hätten es also die kinderreichen Familien am schlechtesten, da auch noch die Erwerbsmöglichkeit der Mutter wegfällt. Es müßten dann zum mindesten die oben erwähnten sozialen Gesetze in Kraft treten, die aber auch nicht vollen Ersatz schaffen würden. Bei mehreren Kindern ist die verheiratete Frau meist jetzt schon gezwungen, die Arbeit aufzugeben, da der Verdienst die Unkosten der außerhäuslichen Verpflegung usw. nicht aufwiegt.

Verschiedene Spinnereien, namentlich auf dem Lande, haben Kindergärten eingerichtet, wo die Kinder während der Arbeitszeit der Mutter billig untergebracht werden. Die Frauen bringen die Kinder früh mit zur Fabrik und nehmen sie mittags oder abends wieder mit nach Hause. Im allgemeinen werden diese Kindergärten nicht stark in Anspruch genommen. Die Frauen haben oft Mütter oder erwachsene Töchter zu Hause, die die Verpflegung der Kinder übernehmen. Richtig betont der Gewerkschaftsbericht für Crimmitschau und Umgegend vom Jahre 1912/13: „Glücklich sind noch die Arbeiterkinder zu schätzen, die sich in Pflege befinden, gegenüber denen, die von ihren älteren Geschwistern behütet werden. Diese stehen meist in einem Alter, in dem sie, anstatt Beschützer anderer zu sein, selbst noch des Schutzes und der Aufsicht dringend bedürfen. Auch ihnen fehlt die sorgende Liebe der Mutter, und so passiert es, daß sie im Spiel ihre Pflicht vergessen und auf die ihrer Obhut anvertrauten kleineren Geschwister nicht achten." Die Annahme, daß die verheiratete Frau nichts zu Hause anzufangen wüßte, da sie mit der Hausarbeit bald fertig sei, besonders, wenn sie keine Kinder habe, ist kein stichhaltiger Grund für die eheweibliche Fabrikarbeit. Neben dem Mutterberuf gibt es noch so viele, allerdings oft nur indirekt fühlbare Beschäftigungen für die verheirateten Frauen, daß die Fabrikarbeit mit ihren schädigenden Einflüssen — so vorbildlich auch immer die Fabrik eingerichtet sein mag — unter allen Umständen für Ehefrauen (ausschließlich der Witwen und Geschiedenen und der durch zwingende Umstände zur Erwerbstätigkeit verurteilten Frauen) abgelehnt werden muß. Die ideellen Güter müssen maßgebender sein als die materiellen. Anstatt ihre häuslichen Pflichten zu erfüllen, beteiligen sich diese Frauen an der industriellen Sachgüterproduktion und schaffen hier Güter, die

---

[1] Pohle, a. a. O., S. 7 u. 24.

im Vergleich zu den unterlassenen wirklich armselig sind.[1] Der Arbeitgeber, so meint Pohle, muß allmählich mit der Tatsache rechnen, seinen Bedarf anders zu decken als mit verheirateten Arbeiterinnen.

Wir unterstützen die Gründe, die gegen die Fabrikarbeit verheirateter Arbeiterinnen sprechen, aufs lebhafteste, wie schon oben gezeigt, müssen aber doch vor einer Gefahr ihrer Ausschließung, z. B. aus den Spinnereien, warnen, die bei ihrer relativ und absolut großen Zahl tatsächlich vorhanden ist. Es besteht die Gefahr, daß die Verheirateten durch Ausländer ersetzt werden, wie es schon jetzt bei Arbeiterinnenmangel, wenn auch noch in schwachem Umfange, geschieht. Wir haben gesehen, daß überall Arbeiterinnenmangel vorhanden ist; wenn nun die eheweibliche Fabrikarbeit verboten würde, so würde dieser Mangel sehr vergrößert. Obwohl die Fabrikarbeiterinnen prozentual stark zugenommen haben, könnte der Ausfall in den Spinnereien, wo jetzt schon Arbeiterinnenmangel besteht, keinesfalls gedeckt werden. Die Gefahr der Ausländerüberschwemmung besteht dann in hohem Maße. Die Ansichten über die Ausländer sind verschieden: einige Spinnereien haben früher solche beschäftigt, sie mögen nichts mehr von ihnen wissen; andere sagen, sie kämen gut mit ihnen aus. Wie dem auch sei, sicher ist, daß eine Ersetzung der verheirateten Arbeiterinnen durch Ausländer zu teuer erkauft wäre. Im Hinblick auf die deutsche Volkswirtschaft sind die ausländischen Arbeiter für das deutsche Staatswesen nachteilig. Bis 70 % der Ausländer in der Textilindustrie Sachsens, Badens und Bayerns stammen aus Böhmen.[2] In der gesamten deutschen Textilindustrie sind von 856522 c-Personen überhaupt 46393 im Ausland geboren, d. h. 5,4 %; von 466210 weiblichen c-Personen 24583, d. h. 5,3 %.[3] Von 26637 hauptberuflich tätigen gelernten und ungelernten Arbeiterinnen in Spinnereien (einschließlich Hechelei, Haspelei, Spulerei, Zwirnerei, Wattenfabrikation) Sachsens waren im Jahre 1907: 2340 im Ausland geboren, d. h. 8,8 %. Von 11670 männlichen Arbeitern waren 1525 im Ausland geboren, d. h. 13,1 %.[4] Der Prozentsatz der im Ausland geborenen Arbeiter und Arbeiterinnen in den Spinnereien Sachsens ist also schon ziemlich hoch.

Der Grund für die Arbeitgeber, verheiratete Arbeiterinnen in den Spinnereien zu beschäftigen, liegt einmal an der allgemeinen Beobachtung, daß sie ruhiger, pflichttreuer und stetiger als die unverheirateten sind, aber in noch höherem Maße daran, daß sie sich zu anstrengenderen und schmutzigeren Arbeiten verwenden lassen als die jungen Mädchen, was gerade in der Spinnerei eine große Rolle spielt. Die verheiratete Arbeiterin ist genügsamer; sie bekommt für diese schmutzigen Arbeiten einen geringeren Lohn als in den besseren Abteilungen, und doch muß sie ausharren, da sie für die anderen Arbeiten vielfach nicht mehr die nötige Gewandtheit

[1] Pohle, a. a. O., S. 58.
[2] Stieda, Ausländische Arbeiter in Deutschland. Zeitschrift für Agrarpolitik, 1911, Nr. 9, S. 6.
[3] Statistisches Jahrbuch für das Deutsche Reich, 1912, S. 12.
[4] Zeitschrift des Kgl. Sächs. Statistischen Landesamtes 1909, S. 79 u. 101.

besitzt oder erst später in die Fabrik eingetreten ist; sie will ja nur einen Zuschuß für die Familie verdienen. Dies führt uns zu den Gründen der eheweiblichen Arbeit in den Spinnereien, die wir zum Teil schon oben angedeutet haben. Rose Otto[1] unterscheidet sechs Gründe der eheweiblichen Fabrikarbeit: 1. Weil der Mann zu wenig verdient. 2. Um Angehörige zu unterstützen. 3. Um Ersparnisse zu machen, Schulden abzuzahlen. 4. Um besser leben zu können. 5. Weil der Mann zum Haushalt nichts beiträgt. 6. Aus Mangel an Beschäftigung ohne zwingenden Grund. Als Hauptgrund wird stets Nr. 1 angegeben. Wir möchten zur Charakteristik die schon oben angeführte Privatstatistik heranziehen, die die Gründe der Fabrikarbeit bei 79 verheirateten Arbeiterinnen für das Jahr 1898 in einer großen Kammgarnspinnerei wie folgt feststellt. Von 79 verheirateten Arbeiterinnen gingen auf Arbeit:

Grund	Zahl	v. H.
1. Weil verwitwet	18	22,8
2. Weil der Mann zu wenig verdient	48	60,8
3. Weil der Mann krank, in Haft, Soldat . . .	6	7,6
4. Weil der Mann nicht sorgt	4	5,1
5. Weil Verwandte zu unterhalten	3	3,8

Wenn auch diese Zahlen nicht den vollen Anspruch auf Genauigkeit machen können, da viele Arbeiterinnen nie die volle Wahrheit beim Befragen angeben — sei es aus Opposition oder Mißtrauen usw. — so gestatten sie doch immerhin einen wertvollen Einblick in die Nöte der verheirateten Spinnereiarbeiterinnen.

Es kann hier nicht unsere Aufgabe sein, die Gründe der eheweiblichen Arbeit in den Spinnereien statistisch genau zu erforschen; dies würde eine besondere Arbeit oder Studie bedingen. Im übrigen muß man sich auch sehr skeptisch gegen Erhebungen, die in dieser Beziehung gemacht werden, verhalten, da die Arbeiterinnen beim Befragen nur ungern antworten und zum Teil falsche Angaben machen.

Welch ein mächtiger Faktor die eheweibliche Fabrikarbeit geworden ist, haben wir an den Spinnereien deutlich kennen gelernt. Wenn man vorläufig noch nicht daran denken kann, die verheirateten Arbeiterinnen aus der Fabrik auszuschalten, so muß man doch daran gehen, gerade ihr Los möglichst erträglich zu machen. Z. B. würde eine Mutterschaftsversicherung für die Verheirateten einen reichen Segen bedeuten.[2] Ihre Durchführbarkeit wäre als Teil der Krankenversicherung möglich. Friedrich Naumann betonte einst treffend: „Nur Völker mit leistungsfähigen Müttern setzen sich durch. Die Mütter sind das erobernde Element. Wird in einem Volke die Mutterschaft schwach, so nützt alle übrige Kultur nichts mehr. Das Sinken der Mutter ist der Niedergang an sich, der Sturz ins Greisenalter der Völker."

---

[1] Rose Otto, a. a. O., S. 113ff.

[2] Vgl. Abhandlung über „Mutterschaftsversicherung" im Handwörterbuch der sozialen Hygiene. Leipzig 1912.

Die berechtigten Forderungen bezüglich der Mutterschaftsversicherung lauten: 1. Eine Arbeitsruhe von mindestens 4 (bis 6) Wochen vor der Geburt mit vollem Ersatz des Lohnausfalles. 2. Freie Behandlung der Schwangerschaftsbeschwerden und im Falle der Arbeitsunfähigkeit, sofern diese vor der gesetzlichen Schonzeit eintritt, Entschädigung für den Lohnausfall in Höhe des Krankengeldes. 3. Asepsis der Geburt, freie Geburtshilfe durch die Hebamme und im Bedarfsfalle durch den Arzt. 4. Eine mindestens sechswöchige Arbeitsruhe nach der Niederkunft mit vollem Ersatz des Lohnausfalles. 5. Im Bedarfsfalle Wochenbettpflege, Hauspflege oder Aufnahme in ein Schwangernheim, Wöchnerinnenheim, Säuglingsheim. 6. Förderung des Selbststillens und der Stilldauer durch Stillunterstützung. Für diejenigen Frauen, die bis zum letzten Augenblick vor der Niederkunft arbeiten, muß eine Beschränkung der Wochenbettunterstützung eintreten; dann würde dieses Unrecht bald beseitigt sein.[1] Auf diese Weise würden die Frauen auch, wie schon früher erwähnt, zu einer ärztlichen Untersuchung während der Schwangerschaft veranlaßt, was sowohl für die Fabriken als auch für die Kranken sehr vorteilhaft wäre. So ungerecht es wäre, ehelose Mädchen im Falle ihrer Niederkunft von diesen Forderungen auszuschließen, um so mehr muß das Verantwortlichkeitsgefühl des Vaters gehoben werden. Sonst wäre die nächste logische Folgerung die, daß der Staat das uneheliche Kind aufzieht, um sicher zu sein, daß aus ihm ein ordentlicher Mensch wird!

e) Krankheitsverhältnisse.

Als Grundlage für die Beurteilung der Krankheitsverhältnisse der Arbeiterinnen in den sächsischen Spinnereien liegen verschiedene authentische Krankheitsstatistiken vor. Wir können zunächst die Krankheitsverhältnisse in der Ortskrankenkasse für Leipzig und Umgegend zugrunde legen. Wir ersehen hieraus zunächst den höheren Prozentsatz der Krankheitstage in der gesamten Textilindustrie von Leipzig und Umgegend im Vergleich mit allen Berufen.

Auf 100 beobachtete weibliche Pflichtmitglieder entfielen Krankheitstage:

Altersklasse	in der Textilindustrie[2]	in allen Berufen[3]
15—24	1022	854
25—34	1676	1268
35—44	1934	1460
45—54	1609	1493
55—64	1582	1539
65—74	3552	2417

[1] „Mutterschaftsversicherung", a. a. O.

[2] Krankheits- und Sterblichkeitsverhältnisse in der Ortskrankenkasse für Leipzig und Umgegend. Bearbeitet im Kaiserl. Statistischen Amt, 4 Bände, 1910. 4. Band, Teil B. S. 76f.

[3] Ebenda, 4. Bd., Teil A. S. 2f.

Auf die einzelnen Berufsarten verteilt, ergibt:[1]

Krankheitstage auf 1000 beobachtete versicherungspflichtige weibliche Personen berechnet.

Berufsart	Alter 15—34	35—54	55—74
Dienstmädchen in Gewerbebetrieben .	7215	10934	18249
Schneiderinnen und Näherinnen (in Konfektion)	9068	14596	15371
Schneiderinnen und Näherinnen (nicht in Konfektion)	8213	15685	17157
Arbeiterinnen in Buchbindereien und Kartonnagenfabriken	12015	16522	12414
Anlegerinnen, Punktiererinnen usw. in Buchdruckereien	10763	16378	15078
Arbeiterinnen in Wollkämmereien und Spinnereien . . .	13145	18522	18926
Bureau- und Kontorpersonal	5464	7072	16306
Ladenpersonal (Verkäuferinnen usw.)	7378	6493	7515
Alle Berufe zusammen	9595	14712	17172

Die Verhältniszahlen aller drei 20jährigen Altersklassen liegen nur bei den Arbeiterinnen in Wollkämmereien und Spinnereien über dem Allgemeindurchschnitt aller Berufe (sog. systematische Übertreffung). Hinsichtlich bestimmter Krankheiten liegt die systematische Übertreffung bezüglich der Arbeiterinnen in Wollkämmereien und Spinnereien bei folgenden Krankheitsarten vor:

1. Zufälle der Schwangerschaft. 2. Frühgeburt. 3. Fehlgeburt. 4. Influenza (nur bei diesem Beruf). 5. Blutarmut. 6. Herzklappenfehler (nur bei diesem Beruf). 7. Zahnkrankheiten[2] (nur bei diesem Beruf). 8. Magenkatarrh, Magenkrampf.[2] 9. Darmkatarrh, Darmkrampf, Durchfall, Brechdurchfall.[2] 10. Erkrankungen der Leber[2] (nur bei diesem Beruf). 11. Dymenorrhoe, Amenorrhoe, Gebärmutterblutung[3] (nur bei diesem Beruf). 12. Sonstige Hautausschläge[4] (nur bei diesem Beruf). 13. Zellgewebsentzündung.[4]

Magenkatarrh und Magenkrampf kommt auch bei den männlichen Arbeitern in Wollkämmereien und Spinnereien als systematische Übertreffung der durchschnittlichen Krankheitstage aller Berufe vor; gerade diese Krankheit muß also eine typische Berufskrankheit sein. Auch unsere obige Annahme fällt wohl stark mit ins Gewicht, wonach Arbeiter und Arbeiterinnen in Wollkämmereien und Spinnereien sich aus den niedrigsten Schichten der Bevölkerung zusammensetzen, die, allgemein betrachtet, eine ungeeignete Lebensweise führen. Das fortwährende Einatmen von Staub und das Verschlucken von Wollteilchen muß ferner unbedingt einen großen Einfluß auf die Verdauung ausüben und Verdauungskrankheiten herbeiführen. Auch der Prozent-

[1] Krankheits- und Sterblichkeitsverhältnisse in der Ortskrankenkasse für Leipzig und Umgegend. 4. Band, Teil C. S. 168ff.

[2] Krankheiten der Verdauungsorgane!

[3] Krankheiten der Harn- und Geschlechtsorgane!

[4] Krankheiten der äußeren Bedeckung!

satz der Früh- und Fehlgeburten ist recht hoch. Wir möchten dies aber nicht allein auf die Art der Beschäftigung zurückführen; das Übel besteht in Fabriken aller Art und liegt wohl eher an der großen Zahl der unehelichen Geburten, wobei verschiedene andere Momente mitsprechen. Die verheirateten Arbeiterinnen können — dies ist ein Vorzug der Fabrik, besonders auch der Spinnereien — in Abteilungen untergebracht werden, die relativ am geringsten gesundheitsschädlich sind.

Nur in diesem Beruf kommen als systematische Übertreffung vor: Influenza, Geschlechtskrankheiten und Krankheiten der äußeren Bedeckung. Es wäre in der Tat ungerecht, hierfür allein die Spinnereien verantwortlich zu machen. Gerade an diesen Krankheitsarten erkennt man auch die leichtsinnige Art der Spinnereiarbeiterinnen. Selbstverständlich kann man, wenn man von einem stark erwärmten Raum (z. B. dem Spinnsaal) in die kalte und nasse Luft des Fabrikhofes oder der Straße tritt, Influenza bekommen; dies ist ein so natürlicher Vorgang und eine so allgemein bekannte Tatsache, daß jeder weiß, wie er sich davor schützen kann; andernfalls ist es nur Leichtsinn, wenn er es nicht tut. Der Grund zur Erkältung wird oft gar nicht in direktem Zusammenhang mit ihrem Beruf gelegt, sondern Sonntags auf dem Tanz, wenn die Mädchen bei kaltem Wetter in ihren leichten Blusen vor dem Tanzlokal herumstehen oder, wie es auf größeren Dörfern wohl üblich ist, in der leichtesten Kleidung von dem einen Gasthof zu dem anderen rennen. Um so leichter tritt während der folgenden Tage die Influenza beim Verlassen der notwendig sehr warmen Fabriksäle auf. Wenn die Arbeiterinnen mehr auf sich hielten und sauberer wären, könnte auch manche Geschlechtskrankheit und mancher Hautausschlag vermieden werden, der erst indirekt von der Fabrikarbeit abhängig ist. Man muß ferner berücksichtigen, daß die Arbeiterinnen oft schon mit der Krankheit behaftet waren, ehe sie in die Spinnereien eintraten.

Auch durch Privatstatistiken, die Verfasser in einzelnen Spinnereien und Krankenkassen aufstellen konnte, werden obige Krankheitserscheinungen fast immer bestätigt.

Von 122 im Jahre 1913 erkrankten weiblichen Personen einer großen Kammgarnspinnerei wiesen Blutarmut mit 14,8 % und Darm- und Magenkrankheiten mit 16,4 % die höchsten Prozentsätze auf. Ferner Fingereiterungen und -geschwüre 4,6 %.[1]

Von 163 erkrankten Spinnereiarbeiterinnen der Ortskrankenkasse Crimmitschau[2] litten an: Lungenleiden: 5 = 3,1 %; Nervenleiden: 7 = 4,3 %; Rheumatismus: 8 = 4,9 %; Frauenleiden, Früh- oder Fehlgeburt: 10 = 6,1 %; Halsleiden, Mandelentzündung, Bronchialkatarrh: 10 = 6,1 %; Hautausschlägen usw.: 14 = 8,6 %; Blutarmut, Bleichsucht: 15 = 9,2 %; Magen- und Darmleiden: 22 = 13,5 %.

Der Geschäftsbericht vom Jahre 1913 des Textilarbeiterverbandes,

---

[1] Krankenbuch der Betriebskrankenkasse der betreffenden Spinnerei.

[2] Krankenbuch der Ortskrankenkasse Crimmitschau, 1913. — Die Zahl 163 ist allerdings nicht allzu groß. Immerhin läßt sie doch genügend sichere Schlüsse zu. — Es kommen hier Vigognespinnereien in Betracht.

Verwaltungsstelle Chemnitz, enthält folgende Angaben. Von 323 erkrankten Spinnereiarbeiterinnen[1] waren lungenkrank: 13 = 4%; nervenkrank: 32 = 9,9%; magenkrank: 36 = 11,1%; rheumatismusleidend: 21 = 6,5%; halskrank: 14 = 4,3%; unterleibskrank: 21 = 6,5%. Andere Gewerkschaftsberichte weisen ähnliche Prozentzahlen auf.

Es möge noch die Statistik einer anderen großen Kammgarnspinnerei folgen. Von 380 erkrankten weiblichen Personen im Jahre 1913 litten an[2]: Lungenkatarrh: 15 = 3,9%; Magen- und Darmleiden: 24 = 6,3%; Ausschlag an Hand, Fuß usw.: 23 = 6,1%; Rheumatismus: 19 = 5,0%; Blutarmut und Bleichsucht: 30 = 7,9%; Fehl- oder Frühgeburt: 20 = 5,3%; Luftröhrenkatarrh und Halsleiden: 16 = 4,2%. Einen auffallenden Unterschied erkennen wir bei der letzten Tabelle an der niedrigen Prozentzahl der Magen- und Darmkranken. Auch die anderen sog. typischen Berufskrankheiten treten hier nicht so kraß in die Erscheinung. Einen wesentlichen Anteil an diesen verhältnismäßig günstigen Zahlen haben sicher die neuen, schönen und hellen Fabriksäle der betreffenden Spinnerei. Es kommt unendlich viel darauf an, unter welchen Umständen man arbeitet. Das „Wie“ kann oft ausschlaggebender sein als das „Was“. In dieser Beziehung ist früher sehr viel gesündigt worden, und noch jetzt sind vielfach alte Teile der vor vielen Jahren erbauten Spinnereien in Betrieb.

Gerade da der weibliche Organismus weniger widerstandsfähig ist als der männliche, muß in den Spinnereien alles getan werden, um den Gesundheitszustand der Arbeiterinnen hochzuhalten. Die hygienische Technik muß hier vor allem angewandt werden. Die Erhebungen Schuler-Burkhardts[3] ergeben eine größere Erkrankungshäufigkeit des weiblichen Geschlechts. Es erkrankten auf 1000 Arbeiter z. B. in den Spinnereien: 221,6 Männer und 249,5 Frauen. Gaskell berichtet von Lancashire, das einst durch Frauenschönheit berühmt war: „Schönheit von Antlitz und Form sind verloren und durch Eckigkeit ersetzt, während das Fleisch sich weich und schlaff anfaßt — so werden die Frauen unter dem Fabriksystem, das sie wieder wie bei barbarischen Völkern aus Gefährtinnen des Mannes zu Arbeitsinstrumenten und Geschöpfen zur Befriedigung roher Gelüste des Mannes macht und das bei ihnen sogar den Mutterstolz unterdrückt.“[4] Nun, die Gefahren der Fabrikarbeit sind auch jetzt noch in hohem Maße vorhanden; aber wenn immer und immer wieder behauptet wird, daß nur die Fabrikarbeit an allem Schlechten unter der Arbeiterbevölkerung schuld sei, so ist dies zum mindesten übertrieben. Von einer Seite wird folgendes behauptet: „Wenn man u. a. einen Spinnsaal betritt, so fällt dem Beschauer sofort der nichtssagende Gesichtsausdruck der Arbeitenden auf, was von der ganz

---

[1] Es kommen hier Baumwoll- und Wollspinnereien in Betracht.

[2] Krankenbuch der Betriebskrankenkasse der betreffenden Spinnerei.

[3] „Untersuchungen über die Gesundheitsverhältnisse der Fabrikbevölkerung der Schweiz mit besonderer Berücksichtigung des Krankenkassenwesens“, Käte Winkelmann, a. a. O., S. 27.

[4] Gerlach, Die Bedeutung des Arbeiterinnenschutzes, Jena 1913, S. 35.

mechanischen Tätigkeit kommt.“ Dies ist in der Tat ein oberflächlicher Bericht. Es kann so sein, aber charakteristisch ist es durchaus nicht. Gerade die Arbeit der Spinnerinnen ist durch die verschiedenartigen Handgriffe verhältnismäßig abwechslungsreich. Verfasser konnte in verschiedenen Spinnereien, wo er es nicht erwartet hatte (Jutespinnerei z. B.), die Beobachtung machen, daß die Arbeiterinnen munter und fröhlich ihre Arbeit verrichteten.

Wir wollen die Gefahren in den Spinnereien für den weiblichen Organismus erkennen und sie bekämpfen, aber wollen uns vor Übertreibungen hüten. Welcher Beruf hat nicht seine Schattenseiten und einen wie großen Einfluß hat nicht die Gewohnheit!

In den Spinnereien muß besonders für genügende Staubabsaugung gesorgt werden. Die Technik hat verschiedenartige Staubsaugapparate erfunden. In vielen Spinnereien sind sie in vorbildlicher Weise aufgestellt. Durch den beim Spinnen notwendigen Feuchtigkeitsgehalt ist den Arbeiterinnen schon ein Hilfsmittel gegen die Staubgefahr gegeben. Trotzdem ist der Verlust durch Verstaubung beim Baumwollspinnen etwa noch 2,6 % beim Strecken und 4,1 % beim Feinspinnen.[1] Für Baumwollspinnereien sind zu fordern: eine Temperatur von mindestens 18—20° C und eine relative Feuchtigkeit von 50—60 %, die um so höher sein muß, je feiner das Garn gesponnen wird. Für Wollspinnereien sind die Mindestsätze 21° C und 60 % relative Feuchtigkeit; für Seidenspinnereien 80 % relative Feuchtigkeit. In den Vorabteilungen der Wollspinnereien ist die Staubgefahr deshalb nicht so groß, weil die Staubteilchen zum Teil beim Waschen unschädlich gemacht werden. In der Baumwollspinnerei entsteht die größte Staubgefahr beim Lockern, Öffnen, Wolfen usw. Bei der Flachsbereitung und Jutebereitung tritt vor allem beim Brechen und Hecheln wegen der trockenen Verarbeitung Staub in großer Menge auf. Der Staub ist reich an anorganischen Bestandteilen; bis zu 40 % Aschegehalt, darunter 13 % Kieselsäure, sind nachgewiesen worden. Außerdem haften den Fasern von der Röste her wahrscheinlich auch bakterielle Verunreinigungen an. Als typische Krankheiten treten das sog. Hechelfieber und die Jutekrankheit auf. Das Hechelfieber wird durch den Flachsstaub verursacht; besonders ausländische Sorten sollen in einigen Fällen pockenartige Hautausschläge hervorgerufen haben. Auch heftige Reizerscheinungen der Nasenschleimhaut und asthmatische Symptome wurden beobachtet. Die Jutekrankheit besteht in Ernährungsstörungen mit Blässe und Mattigkeit, heftige blitzartige Schmerzen in den Beinen treten auf mit folgender Erweichung und Verkrümmung der Knochen an den unteren Extremitäten. In der Vorbereitung der Seidenspinnereien sind folgende Allgemeinstörungen beobachtet worden (da es sich um fäulnisfähiges Material handelt): schwere Bleichsucht, gedunsenes Gesicht, Augenentzündungen, Verdauungsstörungen usw. Der Staub kann, wie

---

[1] Vgl. Abhandlung über „Staub und Beruf“ im Handwörterbuch der sozialen Hygiene. Leipzig 1912.

oben erwähnt, z. B. durch feuchte Verarbeitung zum Teil unschädlich gemacht werden (Feuchtspinnerei, Einfetten von Wolle, Jute usw.). Hygienische Arbeitskleider müßten überall vorhanden sein; ebenso die künstliche Absaugung des Staubes durch Exhaustoren. Die Technik hat u. a. Entstaubungsapparate für Carden und Vorspinnmaschinen erfunden.[1] Zur Vermeidung der Entstehung von Fäulnisprodukten durch das Anhaften des Staubes an den nassen Wänden und auf dem Fußboden sind Kunststeinfliesen zu empfehlen, die sich in verschiedenen Spinnereien gut bewährt haben.

Wird in den Spinnereien in hygienischer Beziehung für das Wohl der Arbeiterinnen gesorgt, so werden diese nicht mehr die zu verrichtende Arbeit als Beschäftigung zweiter Klasse ansehen.

In einem Erlaß an die Regierungs- und Polizeipräsidenten in Preußen heißt es u. a.[2]: Die angestellten Ermittelungen haben ergeben, daß häufig die Beschäftigung von Arbeiterinnen in den Hechelräumen und Carderien der Spinnereien, namentlich in den Betrieben zur Verarbeitung von Flachs, Hanf und Jute, deshalb Bedenken erregt, weil die Verbreitung des Staubes, der in jenen Räumen in großen Mengen entsteht, nicht überall ausreichend verhindert wird. In den Betriebsabteilungen der Vor- und Feinspinnerei, besonders in den Vorspinnereien der Woll- und Baumwollverarbeitung, finden sich außerdem so hohe Temperaturen, daß die Verwendung von Arbeiterinnen und jugendlichen Arbeitern gleichfalls zu Bedenken Veranlassung gibt. Da jedoch diese Mißstände nur in einem Teil der fraglichen Anlagen herrschen . . ., ist von dem Erlasse weiterer allgemeiner Bestimmungen zum Schutze der Arbeiterinnen und jugendlichen Arbeiter auf Grund des § 139a der Gewerbeordnung vorläufig abgesehen worden. Es soll vielmehr geprüft werden, ob nicht die §§ 120a ff. a. a. O. eine ausreichende Handhabe bieten, um die in einzelnen Anlagen erforderlichen Maßnahmen zur Beseitigung jener gesundheitsschädlichen Einflüsse durchzuführen.

Man kann diesem Erlaß besonders auch im letzten Teile nur zustimmen; denn dort, wo viele hygienische Maßregeln zur Bekämpfung der Staubplage usw. geschaffen worden sind, ist die Arbeit der Spinnereiarbeiterinnen um vieles freundlicher und leichter geworden. Verfasser konnte sich selbst öfters von dem großen Unterschied zwischen großen, hellen Fabriksälen mit trefflichen Staubsaugeinrichtungen und sonstigen hygienischen Maßnahmen und niedrigen, düsteren Räumen mit großer Staubplage überzeugen. In ersteren ist die Arbeit in fast allen Abteilungen um vieles angenehmer geworden.

Außerdem spielt die Gewohnheit bei jeder Arbeit eine große Rolle. Diejenigen, die $3^1/_2$ oder 4 Monate Fabrikarbeiter gespielt haben[3], müssen unbedingt die Fabrikarbeit noch schlimmer finden,

---

[1] Abhandlung über „Fabrikhygiene“ im Handwörterbuch der sozialen Hygiene. Leipzig 1912.

[2] Reichsarbeitsblatt, 2. Jahrg. 1904.

[3] Minna Wettstein-Adelt, a. a. O. Göhre, Drei Monate Fabrikarbeiter. Leipzig 1891.

als sie in Wirklichkeit ist, da sie dieselbe einfach nicht gewöhnt sind. Man kann z. B. auch nicht von einem geistigen Beruf zu dem eines Steineklopfers oder Schmiedes ohne weiteres übergehen, da man solche Tätigkeiten schon körperlich nicht aushalten würde.

Die Fabrikanten müssen für hygienisch einwandfreie Arbeitsräume sorgen; dies ist die größte und früher sehr vernachlässigte Forderung. Damit verschwinden viele Nachteile der Spinnereiarbeit.

f) Unfall und Invalidität.

Die einzige Quelle, woraus wirklich umfassendes und reichliches Material für eine Feststellung der Unfälle und Invalidität in der Spinnereiindustrie Sachsens, besonders in Bezug auf die weiblichen Arbeiter, geflossen wäre, versagte leider: die Sächsische Textil-Berufsgenossenschaft wollte über die in ihren Veröffentlichungen enthaltenen, allen zugänglichen Mitteilungen nicht hinausgehen. Wir müssen uns daher mit diesen mehr allgemein gehaltenen Angaben begnügen und anderes einschlägiges Material heranzuziehen versuchen.

Im allgemeinen sind die Unfälle in der Textilindustrie ziemlich häufig. Die 1083 Unfälle in den Textil-Berufsgenossenschaften Deutschlands im Jahre 1887 machten 6,78 % aller Unfälle aus; nur die Baugewerks-, Knappschafts- und Eisen- und Stahl-Berufsgenossenschaften stehen darüber. Allerdings sind die Unfälle in der Textilindustrie meist nicht allzu schwer, aber ebensowenig besonders leicht. Unfälle mit tödlichem Ausgang oder voller Erwerbsunfähigkeit kommen verhältnismäßig wenig vor; die meisten Unfälle in der Textilindustrie bringen teilweise Erwerbsunfähigkeit mit sich. Von den 1083 Unfällen des Jahres 1887, wovon noch 68,51 % Maschinenunfälle waren, kommen auf Arm- und Handverletzungen 68,97 %, auf Beinverletzungen 10,25 %, auf Kopf- und Halswunden 5,36 % usw.[1]

Die Altersverteilung der weiblichen Rentenempfänger in der Berufsabteilung B (Bergbau und Hüttenwesen, Industrie und Bauwesen) gegen die in der Textilindustrie weist nur geringfügige Unterschiede auf. Bei den männlichen Rentenempfängern dagegen sind die Altersgruppen bis zu derjenigen der Jahre 55—59 bei der Berufsabteilung B stärker besetzt als die bei der Textilindustrie; in den höheren Altern tritt dann die umgekehrte Erscheinung auf. Das mag darauf beruhen, daß viele zur Tätigkeit in anderen Berufen unbrauchbar gewordene Personen in der Textilindustrie noch eine Zeitlang Beschäftigung finden. Die weiblichen in der Industrie beschäftigten Personen aber werden weniger ihren Beruf wechseln, weil die ihnen obliegenden Beschäftigungen in der Regel nur geringe Kraft und geringe berufliche Vorbildung erfordern. In Bezug auf die Ursachen der Erwerbsunfähigkeit in der Textilindustrie stehen Entkräftung, Blutarmut, Altersschwäche bei beiden Geschlechtern

[1] Amtliche Nachrichten des Reichs-Versicherungsamtes, 1890, S. 224ff.: Statistik der entschädigungspflichtigen Unfälle für das Jahr 1887.

an erster Stelle. Diese Leiden wurden beim weiblichen Geschlecht in erheblich höherem Umfang (29,5 % aller Fälle) beobachtet als beim männlichen Geschlecht (21,3 % aller Fälle). An zweiter Stelle steht die Tuberkulose der Lungen.[1]

Ist die Textilindustrie an sich ein unfallreicher Industriezweig, so ist die Zahl der Unfälle in den Spinnereien im besonderen noch bedeutend höher als der Durchschnitt der gesamten Textilindustrie. Dies prägt sich deutlich im Gefahrentarif der Sächsischen Textil-Berufsgenossenschaft, gültig seit 1. Januar 1910, aus. Die Gewerbezweige sind bekanntlich Gefahrenklassen zugeteilt, wobei die Nummer jeder Gefahrenklasse der Gefahrziffer entspricht, d. h. derjenigen Ziffer, welche sich ergibt, wenn der Gesamtsumme der Löhne des Gewerbezweiges die Gesamtsumme seiner Unfallasten gegenübergestellt wird. Die Abteilung Spinnerei beginnt erst bei Gefahrenklasse 11, wozu die Leinenspinnerei einschließlich Hechelei, Haspelei, Spulerei und Zwirnerei (Kraft) gehört. Der Gefahrenklasse 12 gehört die Jutespinnerei einschließlich Hechelei, Haspelei, Spulerei und Zwirnerei (Kraft) an. Die Gefahrenklasse 14 enthält die Kammgarnspinnerei einschließlich Hechelei usw.; Gefahrenklasse 15 die gesamte Wollspinnerei, die Baumwollspinnerei und die Streichgarnspinnerei, alles einschließlich Hechelei usw.; Gefahrenklasse 16 die Vigognespinnerei, einschließlich Hechelei usw.; Gefahrenklasse 17 die Mungo- und Shoddyspinnerei einschließlich Hechelei usw.; Gefahrenklasse 21 die Wollbereitung (Kämmerei, Trocknerei, Wolferei, auch Wollabfallreinigung, Karbonisierung von Wolle) (Kraft); Gefahrenklasse 36 die Kunstwollfabrikation, auch Kunstbaumwollfabrikation, Mungo- und Shoddyherstellung (Reißerei, Karbonisierung und Wäscherei) (Kraft). Die Abteilungen Bleicherei und Färberei, Druckerei, Walkerei und Appretur sowie die gesamte Weberei gehören zu den geringeren Gefahrenklassen 3—12. Auch die Untersuchung der Ortskrankenkasse für Leipzig und Umgegend über die Krankheits- und Sterblichkeitsverhältnisse ihrer Mitglieder aus dem Jahre 1910 beleuchtet scharf die größere Unfallhäufigkeit und längere Dauer der Krankheitsfälle bei den Arbeiterinnen in Spinnereien gegenüber anderen Industriezweigen[2] (s. Tabelle S. 83).

Die Wollkämmereien und Spinnereien mit 20,9 Betriebsunfällen und 589 daraus entstandenen Krankheitstagen auf 1000 Personen marschieren bezüglich der Unfälle an der Spitze aller Industriezweige, die weibliche Arbeiter beschäftigen.

Was für die Spinnereiarbeiterinnen der Ortskrankenkasse Leipzig im besonderen gilt, wird durch Belege für ganz Sachsen bestätigt.

---

[1] Amtliche Nachrichten des Reichs-Versicherungsamtes, 1905, S. 513ff.: Untersuchung über die Ursachen der Erwerbsunfähigkeit bei Rentenempfängern, die zuletzt in der Textilindustrie beschäftigt gewesen sind.

[2] Krankheits- und Sterblichkeitsverhältnisse in der Ortskrankenkasse für Leipzig und Umgegend. Bearbeitet im Kaiserl. Statistischen Amt. 4 Bände. 1910. 4. Bd., Teil C. S. 167ff.

Betriebsunfälle der

a) Arbeiterinnen in Wollkämmereien und Spinnereien.

Altersklasse Jahre	Auf 1000 Personen Krankheits- Fälle	Tage	Durchschnittl. Dauer des Krankheitsfalles
Insgesamt	20,9	589	28,2
unter 15	18,4	681	37,0
15—19	22,6	525	23,2
20—24	21,9	565	25,8
25—29	19,6	568	29,0
30—34	20,7	635	30,7
35—39	17,5	709	40,4
40—44	15,8	449	28,4
45—49	18,5	643	34,8
50—54	16,3	455	28,0
55—59	23,7	831	35,1
60—64	33,3	2272	68,2
65—69	37,0	938	25,3
70—74	111,1	889	8,0

b) Arbeiterinnen in Webereien, Weberinnen, Strickerinnen, Wirkerinnen usw.

Altersklasse Jahre	Auf 1000 Personen Krankheits- Fälle	Tage	Durchschnittl. Dauer des Krankheitsfalles
Insgesamt	13,6	343	25,3
unter 15	—	—	—
15—19, 20—24	10,9	218	20,1
25—29, 30—34	19,9	674	33,9
35—39, 40—44	10,8	253	23,3
45—49, 50—54	29,6	563	19,0
55—59, 60—64	—	—	—
65—69, 70—74	—	—	—

c) Dienstmädchen in Gewerbebetrieben.

	Fälle	Tage	Durchschnittl. Dauer
Insgesamt	3,6	114	32,2

d) Anlegerinnen, Punktiererinnen usw. in Buchdruckereien

	Fälle	Tage	Durchschnittl. Dauer
Insgesamt	16,9	437	25,9

e) Arbeiterinnen in Buchbindereien und Kartonagenfabriken.

	Fälle	Tage	Durchschnittl. Dauer
Insgesamt	12,4	297	24,1

f) Schneiderinnen und Näherinnen (in Konfektion).

	Fälle	Tage	Durchschnittl. Dauer
Insgesamt	2,5	47	18,9

Von insgesamt 48895 Vollarbeitern (je 300 Arbeitstage) der Betriebsgruppe Spinnerei (einschließlich Hechelei, Haspelei, Spulerei, Zwirnerei), Wattenfabrikation (mit und ohne Bleicherei, Färberei usw.) wurden für 255 Verletzte im Königreich Sachsen im Jahre 1907 zum ersten Male Entschädigungen gezahlt, d. h. für 5,22 ‰. Auf die erwachsenen Arbeiterinnen, deren Zahl 28437 betrug, kommen 123 verletzte weibliche erwachsene Personen, d. h. 4,33 ‰, während die betreffende Zahl für die männlichen erwachsenen Arbeiter 7,12 ‰ lautet. Die jugendlichen Personen (unter 16 Jahren) nehmen mit 3,95 von 1000 weiblichen jugendlichen Vollarbeitern bzw. mit 4,22 von 1000 männlichen jugendlichen Vollarbeitern an den Unfällen teil.[1] Der verhältnismäßig große Unterschied der Geschlechter, besonders bei den erwachsenen Arbeitern, in dem Anteil an den Unfällen erklärt sich daraus, daß einerseits die männlichen Personen mehr die Aufsicht über die Maschinen führen, anderseits überhaupt an besonders gefährlichen Maschinen (z. B. Waschmaschinen) beschäftigt werden und so der Gefährdung leichter ausgesetzt sind.

Bezüglich der einzelnen Kreishauptmannschaften gilt folgendes: Auf 1000 Vollarbeiter kamen verletzte Personen, für die im

[1] Gewerbe-Unfallstatistik für das Jahr 1907. Amtliche Nachrichten des Reichs-Versicherungsamtes, 1910. 1. Beiheft, 1. Teil, S. 226ff.

Jahre 1907 zum ersten Male Entschädigungen gezahlt wurden, in der Kreishauptmannschaft Bautzen insgesamt 5,86, auf 1000 weibliche erwachsene Vollarbeiter 4,95. In der Kreishauptmannschaft Dresden lauten die entsprechenden Zahlen 3,80 bzw. 4,86; in der Kreishauptmannschaft Leipzig 4,98 bzw. 4,51; in der Kreishauptmannschaft Zwickau 5,79 bzw. 4,76; in der Kreishauptmannschaft Chemnitz 4,68 bzw. 3,21. Für das Königreich Preußen stellen sich die betreffenden Zahlen auf 4,37 bzw. 2,95; für das Königreich Bayern auf 4,42 bzw. 3,43; für das Deutsche Reich auf 4,37 bzw. 3,33. Ein Vergleich fällt für Sachsen ziemlich ungünstig aus. In der Betriebsabteilung Weberei, einschließlich Bandweberei, kamen im Königreich Sachsen auf 1000 Vollarbeiter insgesamt nur 1,88 verletzte Personen, für die im Jahre 1907 zum ersten Male Entschädigungen gezahlt wurden; auf 1000 erwachsene weibliche Vollarbeiter nur 1,20 verletzte Personen. In der Betriebsabteilung Tuchfabrikation lauten die betreffenden Zahlen für das Königreich Sachsen 3,76 bzw. 1,94; in der Betriebsgruppe Bleicherei, Färberei, Druckerei und Appretur 4,25 bzw. 2,12. Es ergibt sich auch hier bei einem Vergleich deutlich, daß die Arbeiter in den Spinnereien höherer Gefahr ausgesetzt sind als in den anderen Zweigen der Textilindustrie. Im allgemeinen ist die Unfallhäufigkeit, gemessen an der Zahl der Verletzten auf 1000 Vollarbeiter, bei den Textil-, Leinen- und Seiden-Berufsgenossenschaften im Deutschen Reich vom Jahre 1897—1907 etwas geringer geworden; sie ist von 3,25 auf 3,00 Verletzte auf 1000 Vollarbeiter gefallen.[1]

In der Spinnereiindustrie sind vor allem die Maschinenunfälle zahlreicher als in der sonstigen Textilindustrie. Während z. B. im Jahre 1912 die Maschinenunfälle 42,72% aller gemeldeten Unfälle in der Sächsischen Textil-Berufsgenossenschaft ausmachten, muß man in der Abteilung Spinnerei 50—60% aller Unfälle als Maschinenunfälle ansehen; daher kommen auch die höheren Gefahrenklassen in der Abteilung Spinnerei. Die Maschinenunfälle erstrecken sich in den Spinnereien meist auf die Arbeitsmaschinen, die in Vorbereitungsmaschinen (Krempel-, Kratz-, Hechel-, Kämmaschinen usw.) und eigentliche Spinnmaschinen zerfallen. Die Maschinenverletzungen entstehen an Reißwölfen durch Quetschung usw.; an Schlagmaschinen bei der Bedienung, beim Putzen, Ölen; an Vorspinnmaschinen durch Hineinkommen in das Getriebe, beim Putzen der Maschine während des Ganges; an Feinspinnmaschinen beim Andrehen der Fäden und Einziehen der Spindelschnüren, durch Ausgleiten auf die Schiene des Selfaktorwagens, beim Ölen und Putzen der Maschine während des Ganges, durch ungenügendes Festlegen der Ein- bzw. Ausrückstange, Spielen an bewegten Teilen, beim Anlassen der Maschine durch Mitarbeiter usw. Die Ursachen der Nicht-Maschinenunfälle sind z. B.: Heiße und ätzende Stoffe, Fall von Leitern, Treppen usw., Umfallen von Gegenständen, Auf- und Abladen usw.[2]

---

[1] Gewerbe-Unfallstatistik für das Jahr 1907, a. a. O., 1. Teil, S. 54.*
[2] Amtliche Nachrichten des Reichs-Versicherungsamtes, 1890, S. 224ff.

Lehrreiche Angaben sind in den „Amtlichen Nachrichten des Reichs-Versicherungsamtes" über die Zeit, Art, Folgen der Unfälle usw. zu finden. Allerdings erstrecken sich die Untersuchungen auf die gesamte sächsische Textilindustrie; aber wir können diese Zahlen, ohne größere Fehler zu begehen, auch auf die Abteilung Spinnerei anwenden; vor allem, wenn man bedenkt, daß die Abteilung Spinnerei infolge ihrer hohen Gefährdungsmöglichkeit die Gesamtzahlen der Textilindustrie stets ungünstig beeinflußt.

a) Die Zeit der Unfälle. Die Höchstzahl der entschädigten Unfälle in der Sächsischen Textil-Berufsgenossenschaft wies im Jahre 1907 der Januar mit 10,06 %, die Mindestzahl der Oktober mit 5,04 % auf. Irgendwelche Schlüsse hieraus zu ziehen erscheint allerdings verfrüht, da im Jahre 1897 der Oktober mit 9,84 % gerade die Höchstzahl aller Unfälle aufwies, während der November mit 7,03 % die niedrigste Zahl brachte. In Bezug auf die einzelnen Tage scheint eher eine Regelmäßigkeit zu bestehen; sowohl 1907 als 1897 ereigneten sich am Sonnabend die meisten Unfälle, nämlich 24,41 % bzw. 24,45 %. Die nächsthöchste Zahl an Unfällen wies in beiden Jahren der Freitag auf, nämlich 18,26 % bzw. 18,76 %. Die niedrigste Zahl zeigte im Jahre 1907, abgesehen vom Sonntag, der Dienstag mit 13,17 %, im Jahre 1897 der Mittwoch mit 12,68 %. Gegen Ende der Woche nehmen die Unfälle bedeutend an Zahl zu, sind aber auch am Montag ziemlich zahlreich. Interessant ist ferner die Verteilung der Unfälle auf die einzelnen Tagesstunden. Den Höchstsatz weisen in beiden Jahren die Vormittagsstunden von 9—12 Uhr mit 30,51 % bzw. mit 29,01 % auf. Die nächsthöchste Zahl der Unfälle ereignete sich sowohl 1907 als 1897 in den Nachmittagsstunden von 3—6 Uhr mit 27,79 % bzw. 27,95 %.[1]

b) Die Art der Verletzungen. 95,41 % aller Unfälle des Jahres 1907 in der Sächsischen Textil-Berufsgenossenschaft waren Wunden, Quetschungen, Knochenbrüche usw., und zwar betrafen 62,52 % die Arme, 10,81 % die Beine, 8,00 % Kopf und Hals, 6,37 % den Rumpf, 7,26 % mehrere Körperteile zugleich und 0,45 % den ganzen Körper.[2]

c) Die Ursachen der Verletzungen. An Maschinen insgesamt ereigneten sich im Jahre 1907 in der Sächsischen Textil-Berufsgenossenschaft 59,56 % aller Unfälle bezüglich der verletzten und getöteten Personen, für die im Jahre 1907 zum ersten Male Entschädigungen gezahlt wurden. Von diesen Maschinenunfällen waren 52,44 % an Arbeitsmaschinen (ausgenommen Hebemaschinen) zu verzeichnen. Hiervon wiederum entfielen allein 13,93 % auf Vorbereitungsmaschinen für Spinnerei und sogar 15,26 % auf Spinnmaschinen, während z. B. auf Webemaschinen, Wirkmaschinen usw. nur 9,77 % kamen.[3]

d) Die Folgen der Verletzungen. Die durch die Verletzungen entstandenen Folgen für die verletzten Personen in der Sächsischen

---

[1] Gewerbe-Unfallstatistik für das Jahr 1907, a. a. O., 1. Teil, S. 302f.
[2] Ebendas. a. a. O., 1. Teil, S. 318f.
[3] Ebendas. a. a. O., 2. Teil, S. 368f.

Textil-Berufsgenossenschaft, für die im Jahre 1904 zum ersten Male Entschädigungen gezahlt wurden, stellen sich wie folgt dar:

Nach der ersten Beurteilung (etwa 1 Jahr nach der ersten Zahlung einer Entschädigung) hatten von 100 Verletzten 22,30 ihre volle Erwerbsfähigkeit behalten oder wiedererlangt; 52,17 hatten bis 25 % ihrer früheren Erwerbsfähigkeit eingebüßt; 12,67 von 26 bis 50 %; 7,56 von 51 bis 75 %; 1,14 hatten ihre frühere Erwerbsfähigkeit von 76 bis einschließlich 100 % verloren, während von 100 Verletzten 4,16 infolge der erlittenen Verletzungen starben.[1] Noch eingehender ist folgende Berechnung der Sächsischen Textil-Berufsgenossenschaft für das Jahr 1907:

Von 100 Verletzten erlitten durch die Verletzung den Tod 2,82; dauernde völlige Erwerbsunfähigkeit 0,74; dauernde teilweise Erwerbsunfähigkeit zusammen 50,07; vorübergehende Erwerbsunfähigkeit zusammen 46,37.[2] Der Tod als Verletzungsfolge hat demnach gegen 1904 beträchtlich abgenommen. Die Vergleichszahlen für die Summe der gewerblichen Berufsgenossenschaften, ohne die Versicherungsanstalten der Baugewerks-Berufsgenossenschaften, der Tiefbau- und der See-Berufsgenossenschaft, lauten für das Jahr 1907: Von 100 Verletzten erlitten durch die Verletzung den Tod 8,06; dauernde völlige Erwerbsunfähigkeit 0,76; dauernde teilweise Erwerbsunfähigkeit zusammen 40,18; vorübergehende Erwerbsunfähigkeit zusammen 51,00.[3] In Bezug auf den Tod als Verletzungsfolge steht die Textilindustrie bedeutend günstiger da als der Durchschnitt aller gewerblichen Berufsgenossenschaften (ohne die betreffenden Versicherungsanstalten). Aber bezüglich der anderen Verletzungsfolgen steht die Textilindustrie fast über dem Durchschnitt; sicher nicht zuletzt eine Folge der höheren Gefahr in der Abteilung Spinnerei.

e) Die Dauer der Verletzungsfolgen in der Sächsischen Textil-Berufsgenossenschaft im Jahre 1904. Von 100 Verletzten waren aus dem Rentengenuß infolge Wiedererlangung völliger Erwerbsfähigkeit ausgeschieden nach durchschnittlich einem Jahr 22,30; nach zwei Jahren 26,84; drei Jahren 32,70; vier Jahren 36,67. Von 100 Verletzten waren nach durchschnittlich fünf Jahren noch im Rentengenuß überhaupt 58,80; davon für eine Erwerbsunfähigkeit bis 25 % allein 41,97.[4] Die Vergleichszahlen für die Summe der gewerblichen Berufsgenossenschaften (ohne die betreffenden Versicherungsanstalten) lauten für das Jahr 1904: Von 100 Verletzten waren aus dem Rentengenuß infolge Wiedererlangung völliger Erwerbsfähigkeit ausgeschieden nach durchschnittlich einem Jahr 22,59; nach zwei Jahren 33,59; drei Jahren 39,97; vier Jahren 44,37. Von 100 Verletzten waren nach durchschnittlich fünf Jahren noch im Rentengenuß überhaupt 47,57; davon für eine Erwerbsunfähigkeit bis 25 % 32,32.[5] Auch bei Erfassung der Dauer der Verletzungsfolgen zeigt sich also, daß die Textilindustrie,

---

[1] Gewerbe-Unfallstatistik für das Jahr 1907, a. a. O., 3. Teil, S. 14.*
[2] Ebendas., a. a. O., 3. Teil, S. 67.
[3] Ebendas., a. a. O., 3. Teil, S. 5.
[4] Ebendas., a. a. O., 3. Teil. S. 238.
[5] Ebendas., a. a. O., 3. Teil, S. 228.

und damit besonders auch die Spinnerei, über dem Durchschnitt aller gewerblichen Berufsgenossenschaften (ohne die betreffende Versicherungsanstalten) steht.

Die Jahresberichte der Kgl. Sächsischen Gewerbe-Aufsichtsbeamten enthalten viele Beispiele von Art und Ursachen der Unfälle in der sächsischen Spinnereiindustrie, von denen hier einige mitgeteilt werden mögen; sie entrollen ein lehrreiches Bild.

Der Aufsichtsbezirk Bautzen meldet häufig, daß die meisten Unfälle in den Steinbrüchen und der Textilindustrie vorkämen (Jahrgänge 1910 u. 1911). Der Aufsichtsbezirk Döbeln erwähnt, die meisten Unfälle kämen auf die Papier- und die Textilindustrie (Jahrgang 1908). Der Aufsichtsbezirk Chemnitz teilt im Jahrgang 1906 mit: Viele Unfälle gehen auf große Unvorsichtigkeit der Verunglückten zurück. Z. B. steckte in einer Spinnerei eine Arbeiterin den Kopf durch die Seitenwand eines im Gange befindlichen Selfaktors und zog sich beim Einfahren des Wagens einen schweren Schädelbruch zu. Der Aufsichtsbezirk Zwickau berichtet in demselben Jahrgang: In einer Spinnerei wurde eine Arbeiterin bei der Unterstützung eines Arbeiters, der einen Treibriemen aufzulegen hatte, getötet. Teils ist der Unfall auf ihre Unvorsichtigkeit zurückzuführen, teils zeigte er aber auch die Gefahr, die enge Zwischenräume zwischen Riemenscheiben und Wellenkuppelungen bieten. Im Jahrgang 1907 sagt der Aufsichtsbezirk Zittau: In einer wegen Mangels an heimischen Arbeitskräften auf fremdländische Arbeiter angewiesenen Spinnerei ereigneten sich häufig Unfälle, da die betreffenden Arbeiter der deutschen Sprache meist unkundig waren und auch der Unfallgefahr sehr gleichgültig gegenüberstanden. Ebenso meldet der Aufsichtsbezirk Leipzig in demselben Jahrgang, daß mehr als der dritte Teil aller Unfälle in der Textilindustrie von einem Betrieb gemeldet wurde, in dem zahlreiche ausländische Arbeiter beschäftigt werden, denen die nötige Erfahrung bei der Bedienung der Arbeitsmaschinen abgehe. Auch das Kämmen und Flechten der Haare und das Anlegen von Kleidungsstücken in der Nähe umlaufender Arbeitsmaschinen hat schon verschiedene Opfer gefordert. Die Mädchen sind in den betreffenden Fällen durch die Maschinen an den Haaren erfaßt und eines großen Teiles der Kopfhaut beraubt worden. In einem Bericht des Aufsichtsbezirks Annaberg (Jahrgang 1908) heißt es: Ein tödlicher Unfall betraf eine 17jährige Arbeiterin, die eine Spinnmaschine, entgegen ausdrücklicher Verbote, während des Betriebes putzen wollte. Sie kroch zu dem Zwecke unter die Maschine und erlitt durch eine Antriebstrommel tödliche Verletzungen. Der Aufsichtsbezirk Chemnitz II teilt in demselben Jahrgang mit, daß auf je 1000 Arbeiter überhaupt 12,8 Unfälle kamen, in der Textilindustrie 7,1. Letztere Ziffer — so sagt der Bericht — würde noch niedriger sein, wenn sie nicht durch die Spinnereien ungünstig beeinflußt worden wäre, wo in 8 größeren Betrieben auf 1000 Arbeiter 27,6 — allerdings meist leichtere — Unfälle entfielen. Fast die Hälfte der in den Spinnereien vorgekommenen Unfälle ereignete sich beim Putzen der Maschinen während des Ganges, in Kammgarnspinnereien im besonderen beim Hineingreifen in im Gange befindliche Nadelwalzen von Streckmaschinen u. dgl. Im Jahrgang 1910 wird aus der Kreishauptmannschaft Chemnitz berichtet: Eine Spinnereiarbeiterin, die vorzeitig mit dem Putzen ihrer Maschine begonnen hatte, geriet mit dem Kopfe so unglücklich zwischen Wagen und Anschlagbock der Spinnmaschine, daß infolge Schädelbruches der Tod eintrat. Es wird ferner häufig berichtet, daß die Schutzvorrichtungen aus Bequemlichkeitsgründen entfernt worden waren oder anscheinend nie benutzt wurden. In den Jahresberichten wird auch viel geklagt — um dies noch hier einzuschalten —, daß vorhandene Bäder nicht in der wünschenswerten Weise benutzt würden, daß Umkleideräume und Speisesäle fast leer seien, während die Arbeiterinnen in den Pausen auch bei kaltem Wetter auf der Straße oder im Hof herumständen und sich so leicht verhütbare Krankheiten zuzögen. Der Jahrgang 1912 bringt Klagen des Aufsichtsbezirks Chemnitz I, daß durch verbotswidriges Putzen von Textilmaschinen teils leichte, teils schwere Unfälle verursacht wurden. In vielen Fällen sind die Arbeiter von den Meistern eindringlich gewarnt worden; in einigen Betrieben war aber auch die Putzzeit zu kurz bemessen. Die Putzzeit in einer Spinnerei z. B. betrug nur eine Viertelstunde, während sie nach Aussagen von Arbeiterinnen 1—1¼ Stunde hätte dauern müssen. Die Arbeiterinnen erklärten, wenn sie die Maschine zeitiger als vorgeschrieben abstellten, mache ihnen der Meister nicht nur Vorhaltungen, sondern er rücke die Maschine auch selbst wieder ein. Infolgedessen putzten die Arbeiterinnen während des Ganges der Maschinen oder auch während der Mittagspause. — In einer Spinnerei wurde eine beim Putzen eines Selfaktors zwischen Wagen und Gestell stehende Arbeiterin durch das vorzeitige Einrücken des Selfaktors von dem einfahrenden Wagen schwer verletzt. Das unvorsichtige, vorzeitige Inbetriebsetzen von Maschinen wird auch durch folgenden Fall gegeißelt, der aus dem Regierungsbezirk Bautzen im Jahrgang 1911 berichtet wird. Eine mit dem Ölen einer Krempel beschäftigte Frau geriet ins Getriebe und erlitt einen mehrfachen Bruch der rechten Hand. Ihr Mitarbeiter hatte ohne ihr Wissen und unerwartet die Krempel wieder in Betrieb gesetzt. Die Frau starb an den Folgen der Verletzung. Aus dem Regierungsbezirk Bautzen wird ferner im Jahrgang 1913 gemeldet: Einige schwere Unfälle ereigneten sich in Spinnereien an den Reinigungsmaschinen und Krempeln. Die Arbeiter griffen beim Entfernen von Schmutz trotz ausdrücklichen Verbots mit den Händen in die Rädergetriebe und andere bewegte Maschinenteile, anstatt sich dabei der bereitliegenden Holzstäbe zu bedienen. Dreien der Verletzten mußte der Unterarm abgenommen werden, drei andere zogen sich durch ihr unvorsichtiges Gebaren Handverstümmelungen zu.

Wir erkennen aus den angeführten Beispielen, daß die Unfälle zum Teil auf die Arbeitgeber zurückfallen, besonders, wenn es sich um mangelhafte Betriebseinrichtungen, fehlende Schutzvorrichtungen usw. handelt; in der Mehrzahl der Fälle aber scheint die Ungeschicklichkeit und Unachtsamkeit, der Leichtsinn und die ungeeignete Kleidung des Arbeiters die Schuld an dem Unfall zu tragen. Dies wird auch durch den schon erwähnten Artikel: „Statistik der entschädigungspflichtigen Unfälle für das Jahr 1887" bestätigt.[1]

Zur Verhütung der Unfälle hat die Sächsische Textil-Berufsgenossenschaft sowohl für die Arbeitgeber als für die Arbeitnehmer Unfallverhütungsvorschriften herausgegeben, gültig seit 1904, die für die Textilindustrie im allgemeinen Geltung haben, aber auch die einzelnen Zweige, z. B. die Spinnerei, besonders berücksichtigen.

Mit diesen Ausführungen glauben wir ein ziemlich umfassendes Bild über die Unfall- und Invaliditätsverhältnisse der weiblichen Arbeiter in der Spinnereiindustrie Sachsens gewonnen zu haben. A. Geißler, der frühere verdienstvolle Direktor des Kgl. Sächsischen Statistischen Bureaus sagt in einem unvollendeten Artikel ganz allgemein: Wie lange und bis zu welcher Höhe der Prozentsatz weiblicher Invaliden noch zunehmen wird, hängt von verschiedenen Faktoren ab und ist deshalb schwer vorauszusagen. Zunahme der Ehefrequenz, Reliktenversicherung für Privatbeamte und Arbeiter würden voraussichtlich eine Verminderung der weiblichen Erwerbstätigen und der weiblichen Invaliden zur Folge haben, wogegen zweifellos eine Verminderung der Ehefrequenz den Kampf ums Dasein noch verschärfen und auch die Zahl der weiblichen Erwerbstätigen weiter erhöhen müßte.[2] Diese allgemein gültigen Worte treffen auf die Spinnereiindustrie ebenfalls zu.

g) Die Lohnverhältnisse.

Wohl in keinem anderen geschlossenen Industriezweig ist die Frauenfabrikarbeit so ausgeprägt wie in der Spinnerei; deshalb sind auch die Lohnverhältnisse besonders lehrreich.[3] Diese große Arbeiterinnenzahl muß naturgemäß den Lohn auf einer Höhe halten, der in der Hauptsache nur ein „Verdienst", ein Zuschuß zum Gesamteinkommen der Familie oder höchstens ein knapper Unterhalt einer ledigen weiblichen Person sein kann. Als Berufslohn eines männlichen Arbeiters, der eine Familie unterhalten soll, kann er kaum in Betracht kommen. Eine Konkurrenz von männlichen Arbeitern in den Beschäftigungsarten der Arbeiterinnen würde bei der überlegenen Zahl derselben nur dazu führen, den Lohn der männlichen Arbeiter ebenso niedrig zu halten wie den der Arbeiterinnen. In Wirklichkeit findet diese Konkurrenz auch gar nicht statt, und diejenigen jungen männlichen Personen, die z. B. neben weiblichen Selfaktorandrehern als männliche Andreher beschäftigt werden, ver-

[1] Amtliche Nachrichten des Reichs-Versicherungsamtes, 1890, S. 224ff.

[2] Das Alter der Invaliden beim Eintritt der Invalidität und die Ursachen der letzteren. Zeitschrift des Kgl. Sächsischen Statistischen Bureaus, 1903, Heft 3 u. 4, S. 216ff.

[3] Vgl. die treffliche Abhandlung von Alice Salomon, Die Ursachen der ungleichen Entlohnung von Männer- und Frauenarbeit. Staats- und sozialwissenschaftliche Forschungen, Heft 122. Leipzig 1906.

richten diese Arbeit nur als Anfangs- oder Übergangsbeschäftigung zu ihrem eigentlichen Beruf, den des Spinners. Dieser hat schwierigere und verantwortungsreichere Arbeiten zu leisten als die Arbeiterinnen, die nur Hilfspersonen sind, wie oben gezeigt; aus diesem Gesichtspunkt heraus findet eine bessere Bezahlung der männlichen Spinner statt. Die verschiedene Lohnhöhe ist also bedingt durch die Ungleichheit der Arbeit, eine Tatsache, die z. B. auch durch die Untersuchungen der Labour Commission in Bezug auf die englische Textilfabrikation bestätigt wird.[1] Aber die Ungleichheit der Arbeit ist geringer als die Ungleichheit des Lohnes.

Trotz der verhältnismäßig geringen Entlohnung ist jedoch der Lohn in den Spinnereien für weibliche Arbeiter nicht auffallend niedrig, wenn man andere industrielle Berufszweige der Frauen zum Vergleich heranzieht. Vielfach sind nur psychologische Momente, z. B. die Eitelkeit und Putzsucht und der Abscheu vor schmutziger Arbeit maßgebend, daß die Frauen lieber in andere industrielle Berufe eintreten. Vorzugsweise werden von den Arbeiterinnen die Strickerei, Wirkerei, Handschuhmacherei usw. aufgesucht; die Spinnerei gilt als Fabrikarbeit zweiten Ranges. Dort können die Mädchen in Hüten und eleganten Kostümen kommen, was sich in der Spinnerei des Staubes wegen und des dadurch nötig werdenden Umziehens nicht empfiehlt. Trotzdem ist schlechte Kleidung in der Spinnerei nicht bedingt, und man kann am Schlusse der Arbeitszeit viele nett und sauber, wenn auch einfach gekleidete Mädchen die Fabrik verlassen sehen. Es kommt eben sehr viel auf die Mädchen selbst an; diese sind aber meist so leichtsinnig und so wenig auf sich selbst und auf ihren Beruf bedacht, daß hier gute Lehren wenig fruchten. Ihren Beruf sehen sie nur als notwendiges Übel an, der ihnen einen Zuschuß, eine Unterstützung geben soll. Der aus den oben angeführten Gründen entspringende ziemlich große Arbeiterinnenmangel ist der wesentliche Grund für die verhältnismäßig nicht besonders schlechte Entlohnung in den Spinnereien.

Man findet bei persönlichem Verkehr mit den Direktoren oder Fabrikanten immer noch vielfach die Ansicht vertreten, daß hoher Lohn den Arbeitern direkt schädlich sei: sie wüßten nichts damit anzufangen, ihre Bedürfnisse stiegen dadurch nur, sie würden noch leichtsinniger usw. Niedrige Löhne schädigen aber oft den Unternehmer selbst, denn sie sind vielfach der Ausdruck schlechter und darum teuerer Arbeit.[2] Adam Smith lehrt, daß ein gesunder Mensch besser arbeiten kann als ein gebrechlicher, unterernährter. Hohe Löhne und niedere Getreidepreise bedeuten für Smith eine Steigerung der Arbeitsleistung.[3] Die physische Behändigkeit, das geistige Verständnis und das Verantwortlichkeitsgefühl, wie es die moderne Großindustrie erfordert, sind nur von einem Arbeiterstand zu verlangen,

---

[1] Alice Salomon, a. a. O., S. 25f.

[2] v. Schulze-Gävernitz, a. a. O., S. 110.

[3] Adam Smith, Eine Untersuchung über Natur und Wesen des Volkswohlstandes. Bd. I, Kap. 8: Der Arbeitslohn.

der eine höhere Lebenshaltung und eine Beschränkung der Arbeitszeit in gewisse Grenzen kennt.

Was Schulze-Gävernitz vom Großbetrieb im allgemeinen sagt, gilt auch ganz besonders für die Spinnereiindustrie: früher hatte der Arbeiter das größte Erzeugnis, der am unausgesetztesten die Hände rührte. Bei vollendetem maschinenmäßigen Betrieb liefert derjenige Arbeiter am meisten, der am wenigsten mit der Hand einzugreifen hat (um Pausen zu verhüten) und diese Eingriffe auf die kürzeste Zeit zu beschränken weiß. Der technische Fortschritt, verbunden mit Steigerung der Arbeitsleistung, bewirkt ein dauerndes Herabgehen der Stücklöhne, verbunden mit Steigerung der Wochenverdienste der Arbeiter, was z. B. durch vermehrte Anzahl der Spindeln bedingt wird, und allmählicher Verkürzung der Arbeitszeit.[1]

Selbst der Unterschied der Geschlechter wird durch die Maschine vermindert. Zur Zeit Ures — also um 1830 — leistete die weibliche Arbeit in der Baumwollindustrie in England noch wenig und wurde geringer bezahlt wie die männliche (wie jetzt noch in Deutschland); heute ist der Unterschied in der Industrie Lancashires durch die Gewerkschaften vielfach ausgeglichen.[2]

Die Lohnsysteme in den einzelnen Abteilungen der Spinnerei sind zwar in den verschiedenen Spinnereien verschieden, in der Feinspinnerei aber herrscht durchgehends Akkordlöhnung. Das Akkordsystem enthält den Ansporn zur höchstmöglichsten Leistungssteigerung des Arbeiters bei entsprechend steigender Vergütung seiner Arbeitsstunden und bietet dem Arbeitgeber ohne die Last einer Kontrolle den größten Arbeitsertrag in der Zeiteinheit. Theoretisch stellt sich der Akkordlohn als folgende Berechnung dar: der wirkliche Stundenlohnsatz ist proportional dem Verhältnis von veranschlagter zu wirklich verbrauchter Zeit.[3] Das Zeitsystem, wie es zum Teil in der Vorarbeit: Krempelei, Streckerei usw. angewandt wird, eignet sich für alle jene Fälle, in denen die Überwachung der Arbeitsleistung verhältnismäßig leicht und die bei der Arbeit zugebrachte Zeit gleichzeitig wirklich ein Wertmesser für die Arbeitsleistung ist. Es ist dort vor allem empfehlenswert, wo es mehr auf gute Ausführung als auf Schnelligkeit ankommt, und notwendig besonders bei gefährlichen Betrieben.

Als berechtigt muß die Klage über ungenaue Akkordberechnung anerkannt werden, wenn die Qualität des gelieferten Materials nicht berücksichtigt wird. Eine Beseitigung der Akkordlöhnung in der Textilindustrie ist gleichwohl im Interesse der Arbeiter nicht zu wünschen, da bei Einführung des Zeitlohnes eine scharfe Kontrolle nötig wäre, die eine Quelle für Reibereien werden könnte.[4] In diesem Sinne äußern sich auch die beiden Webbs.[5]

---

[1] v. Schulze-Gävernitz, a. a. O., S. 153.

[2] Derselbe, a. a. O., S. 166.

[3] Zimmermann, Die Fortentwicklung der Lohnsysteme. Soziale Praxis, 1905, Nr. 41.

[4] L. Bernhard, Die Akkordarbeit in Deutschland. Leipzig 1903. S. 125.

[5] Sidney und Beatrice Webb, Theorie und Praxis der Gewerkvereine I, S. 257 u. 258. L. Bernhard, a. a. O., S. 125.

Ein Ideal bleiben für Deutschland immer noch die Akkordtarife, wie sie in England bestehen. Zu deren Unterstützung wurde dort im Jahre 1896 die sog. particulars clause (Stücklohnparagraph) eingeführt, welche bestimmt, daß den Arbeitern in den Spinnereien nicht nur der Tarif mitzuteilen sei, sondern daß ein besonderer Apparat, der automatic indicator, an jeder Maschine anzubringen sei, der über das Arbeitsresultat selbsttätig genaue Angaben macht. Die Inspektion berichtete bald, die Arbeiter hätten solches Vertrauen zu der Bestimmung, die ihnen die Genauigkeit der Akkordberechnung sichere, daß hierdurch unzweifelhaft zahlreichen Streitigkeiten vorgebeugt werde.[1]

Für die einzelnen Gegenden Sachsens sind die Lohnverhältnisse in den verschiedenen Spinnereien natürlich verschieden. Je nachdem Großstädte oder Mittel- und Kleinstädte, städtische Gegenden oder das platte Land für den Standort der Spinnerei in Betracht kommen, regelt sich die Lohnhöhe. Ein äußerliches Bild gibt ein Auszug aus dem „Textilarbeiter“. In der statistischen Abteilung der Zentralverwaltung des Textilarbeiterverbandes wird an einer Lohnenquete für 1913 gearbeitet. Eine Sonderbearbeitung für einige Orten zeigt folgendes Bild.[2] (Ein Nachteil ist, daß die Zahl der herangezogenen Personen ziemlich gering ist.)

Durchschnittlicher Wochenlohn der Spinner:

Ort	Männl. Arb. von 18—50 J.		Weibl. Arb. von 18—50 J.	
	Zahl d. Pers.	Lohn in Mark	Zahl d. Pers.	Lohn in Mark
Augsburg	45	25,55	243	14,54
Mülhausen i. E.	71	29,01	325	15,59
Chemnitz	83	26,62	276	13,41
Leipzig	158	29,41	558	13,88
Zwickau	31	26,68	100	13,85

Hier sind die Hauptstätten der Spinnereiindustrie Sachsens aufgeführt. Ein Vergleich mit den beiden anderen bekannten Spinnereiorten außerhalb Sachsens fällt für Sachsen sehr ungünstig aus. Schon Anfang des 19. Jahrhunderts konnte über die niedrigen Löhne in der Spinnereiindustrie Sachsens berichtet werden; es scheint dies auch jetzt noch der Fall zu sein. Wir müssen allerdings berücksichtigen, daß nur ein sehr kleiner Teil der Arbeiter in obiger Tabelle vertreten ist. Noch ein weiterer interessanter Gesichtspunkt geht aus obiger Tabelle hervor. Die Männerlöhne sind fast überall doppelt so hoch als die Löhne für die weiblichen Arbeiter. Wir haben schon früher auf die ungleiche Arbeit von Mann und Frau in der Spinnerei hingewiesen — die Frauen brauchen z. B. bei allen komplizierten Arbeiten und Reparaturen Hilfe —, aber der elementare Satz bleibt

[1] Annual Report of the chief inspector of factories for the year 1896, S. 74ff. L. Bernhard, a. a. O., S. 126.

[2] Arbeitslöhne und Rentabilität in der deutschen Textilindustrie. Zeitschrift „Der Textilarbeiter“, 1914, Nr. 17.

bestehen: die Lohndifferenzen sind viel größer als die Ungleichheit der Arbeit.

Mit Recht betonen unseres Erachtens einige Firmen, die Einfachheit und Leichtigkeit der Arbeit besonders in der Vorbereitung stehe in keinem Verhältnis zu den von männlichen Arbeitern geforderten Löhnen, wenn letztere zu diesen Arbeiten herangezogen würden. Gewiß sind viele Arbeiten in der Spinnerei wegen ihrer Einfachheit geringer zu werten und dementsprechend zu entlohnen. Aber es darf dabei nie außer acht gelassen werden, daß gerade die Frau auch ihr höchstes Gut, die Gesundheit, bei der Spinnereiarbeit aufs Spiel setzt. Eine Entlohnung mit 10—11 M. pro Woche für die Arbeiten in der Vorbereitung z. B. ist als zu niedrig zu bezeichnen.

Ein ziemlich umfassendes Bild erhalten wir auf Grund der Lohnklassenstatistik der Leipziger Ortskrankenkasse für das Jahr 1913.[1] Leider ist eine Unterteilung der Berufsgruppen nicht vorgenommen worden. Da aber für Leipzig als Textilindustrie fast nur die Spinnerei in Betracht kommt, so können wir die Berechnung für die Berufsgruppe „Textilindustrie“ als Unterlage heranziehen.

Von je 100 weiblichen Pflichtmitgliedern befanden sich in folgenden Beitrags-(Lohn-)Klassen:

Monat und Jahr	I. 4,51 M. u. m.	II. 4,01—4,50 M.	III. 3,51—4,00 M.	IV. 3,26—3,50 M.	V. 2,51—3,25 M.	VI. 2,01—2,50 M.	VII. 1,51—2,00 M.	VIII. 1,01 M. od. m. Arb. v. 14—16 J. sowie Lehrl., u. 0,01—1,50 M. erw. Mädchen
Okt. Dez. 1912	0,7	0,3 0,4	0,9 1,0	1,5 1,6	14,8 15,7	29,8 30,4	29,3 28,9	21,3 20,2
Jan. März 1913	0,8	0,3 0,4	0,9	1,6 1,8	16,5 17,4	29,5 28,7	29,9 29,2	19,5 19,9
April Juni 1913	0,8	0,5 0,4	0,9 1,0	1,9 2,0	17,4 17,6	29,0 29,5	27,5 27,3	20,3 19,9
Juli Sept. 1913	0,8	0,5 0,6	1,0 1,2	2,1 2,5	18,2 18,6	29,8 29,4	26,0 24,6	20,3 21,3

Die dichtbesetztesten Lohnklassen der erwachsenen weiblichen Textilarbeiter sind die Klassen V—VII mit durchschnittlich 17,0%, bzw. 29,5%, bzw. 27,8% aller weiblichen Mitglieder. Die Lohnklasse VI weist den höchsten Prozentsatz auf (2,01—2,50 M. tägliches Einkommen); nahezu ein Drittel aller Textilarbeiterinnen hat demnach ein wöchentliches Einkommen von höchstens 15 M., somit auch die Spinnereiarbeiterinnen. Die höheren Lohnklassen I—IV kommen fast gar nicht in Betracht.

Zum Vergleiche mögen die Nahrungs- und Genußmittelbranche und die polygraphischen Gewerbe herangezogen werden.

[1] Reichsarbeitsblatt 1913, S. 56, 285, 527, 771.

Von je 100 weiblichen Pflichtmitgliedern befanden sich in folgenden Beitrags-(Lohn-)Klassen:

a) Nahrungs- und Genußmittelbranche, einschließlich Tabakindustrie.

Monat	Lohnklasse I.	II.	III.	IV.	V.	VI.	VII.	VIII.
Juli 1913	1,2	0,5	1,2	1,7	14,4	20,3	37,5	22,6
Sept. 1913	1,0	0,3		1,8	13,6	19,1	40,3	22,5
b) Polygraphisches Gewerbe.								
Juli 1913	0,7	0,7	2,1	1,5	8,7	30,7	38,9	14,8
Sept. 1913			2,0		8,8	30,6	39,5	14,6

Den höchsten Prozentsatz weist in diesen beiden Berufen die Lohnklasse VII auf (1,51—2,00 M. täglichen Verdienst), nämlich 38,9 % bzw. 39,2 % aller weiblichen Mitglieder dieser Berufe. Auch wenn man alle Berufe mit weiblichen Pflichtmitgliedern heranzieht, ist die Lohnklasse VII am dichtesten besetzt, nämlich mit rund 26 %. Die Textilindustrie und mithin auch nach unseren obigen Ausführungen die Spinnereiindustrie schneidet in Bezug auf die Lohnverhältnisse in Leipzig demnach verhältnismäßig günstig ab.

Für Chemnitz kommt eine Lohnstatistik für das Jahr 1910 in Betracht, die vom Statistischen Amt aufgenommen wurde und uns wertvolle Aufschlüsse gibt.[1] Sie umfaßt das Stadtgebiet Chemnitz. Danach betrug der durchschnittliche tägliche Lohn der erwachsenen weiblichen Arbeiter:

a) In der Kammgarnspinnerei.

Zahl der Arbeiter und Beschäftigung	Davon erhielten folgenden Lohn in Mark 1,00—1,50	1,50—2,00	2,00—2,50	2,50—3,00	3,00—3,50
23 Ringspinnerinnen	—	2	18 (15)[2]	3 (2)	—
37 Spulerinnen . . .	—	12 (12)	12 (12)	12 (12)	1
90 Zwirnerinnen . .	—	5	68 (64)	17 (17)	—
103 Vorspinnerinnen .	—	9	94 (94)	—	—
40 Vorbereitungsarb.	—	40	—	—	—
32 Andreherinnen .	—	—	32 (32)	—	—
41 Hilfsarbeiterinnen	—	36	5	—	—
18 Weiferinnen . . .	—	—	8 (8)	10 (10)	—
b) In der Baumwollspinnerei.					
28 Kremplerinnen . .	—	28	—	—	—
18 Fleyerinnen . . .	—	—	18	—	—
2 Aufsteckerinnen .	—	2	—	—	—
6 Waterspinnerinnen	—	—	6 (6)	—	—
7 Streckerinnen . .	—	7 (7)	—	—	—
16 Andreherinnen . .	—	14	2	—	—
34 Hilfsarbeiterinnen .	14	18	2	—	—

[1] Statistisches Amt der Stadt Chemnitz. Lohnstatistik für das Jahr 1910.
[2] Die in Klammern beigefügten Zahlen bedeuten die Anzahl der Arbeiterinnen, die im reinen Akkord beschäftigt wurden.

Von 384 Arbeiterinnen in den Kammgarnspinnereien hatten demnach einen durchschnittlichen Tageslohn von:

1,50—2,00 M.: 27,1 %;
2,00—2,50 M.: 61,7 %;
2,50—3,00 M.: 10,9 %;
3,00—3,50 M.: 0,3 %.

Von 111 Arbeiterinnen in den Baumwollspinnereien hatten einen durchschnittlichen Tageslohn von:

1,00—1,50 M.: 12,6 %;
1,50—2,00 M.: 62,2 %;
2,00—2,50 M.: 25,2 %.

Wir erkennen hieraus einen deutlichen Unterschied in der Art der Entlohnung. In den Kammgarnspinnereien ist das Ergebnis bedeutend günstiger. Nahezu ebensoviel Prozent der Arbeiterinnen hatten in den Kammgarnspinnereien einen Lohnsatz von 2,00 bis 2,50 M. täglich als in den Baumwollspinnereien von 1,50—2,00 M. täglich.

Zum Vergleich mögen die Lohnverhältnisse in der von den Arbeiterinnen gern aufgesuchten Strumpfwarenfabrikation dienen.

Einen Lohn von 1,50—2,50 M. täglich hatten

von	89	Zuschneiderinnen	54
„	64	Rundstuhlarbeiterinnen	48
„	47	Strickerinnen	33
„	136	Repassiererinnen	80
„	534	Näherinnen	325
„	191	Appreturarbeiterinnen	108
„	61	Aufstoßerinnen	38
„	227	Besetzerinnen	172
„	110	Formerinnen	66
„	62	Kettlerinnen	26
Von	1521	Arbeiterinnen	950

Demnach hatten 62,5 % einen täglichen Verdienst von 1,50 bis 2,50 M., wobei aber zu betonen ist, daß der größere Teil einen solchen von 2,00—2,50 M. hatte und daß der Rest sich zum größten Teil auf die besseren Lohnklassen von 2,50—4,00 M. verteilt. In den Kammgarnspinnereien hatten zusammen 88,8 % einen täglichen Verdienst von 1,50—2,50 M.; in den Baumwollspinnereien 87,4 %. Die Strumpfwarenbranche bietet somit neben angenehmerer Beschäftigung auch Aussicht auf höhere Entlohnung als die Spinnereien. Dieses Moment sollten die unter der Konkurrenz anderer weiblichen Berufsmöglichkeiten leidenden Spinnereien bei ihrer Klage um den sehr hohen Wechsel der Arbeiterinnen nicht außer acht lassen.

Erwähnt sei, daß die ortsüblichen Tagelöhne am 1. Januar 1911 für erwachsene Arbeiterinnen betrugen[1]:

in der Stadt Chemnitz . . . . 1,75 M.;
„ „ Amtshauptmannschaft Chemnitz . . . . 1,40—1,70 M.;
„ „ Stadt Leipzig . . . . 2,00 M.;
„ „ Amtshauptmannschaft Leipzig . . . . . 1,40 M.;
„ „ Stadt Zwickau . . . . 2,00 M.;
„ „ Amtshauptmannschaft Zwickau . . . . 1,40—1,70 M.

In den Kammgarnspinnereien sind die Arbeiterinnen der höchsten Lohnklassen fast alle im Akkord beschäftigt. In den Abteilungen des Feinspinnens (Ringspinnerei, Selfaktor- und Waterspinnerei), in der Vorspinnerei, Spulerei, Zwirnerei und Weiferei herrscht durchgehends — dies gilt für die gesamte Spinnereiindustrie — Akkordlöhnung. In der Vorbereitung, Krempelei, Streckerei usw. ist vielfach die Zeitlöhnung oder neuerdings auch Gruppenakkord ausgeprägt.

Es ist heute möglich, daß Arbeiten in Gruppenakkord ausgeführt werden, die vor wenigen Jahrzehnten nicht ohne die strenge Leitung eines Akkordmeisters möglich gewesen wären. Bernhard führt dafür die Vorbereitungs- und Vollendungsarbeiten in der Textilindustrie an, die in den 30er und 40er Jahren stets unter der gefürchteten Leitung eines Akkordmeisters ohne jede Beteiligung der Arbeiter am Gewinn ausgeführt wurden. Jetzt werden Arbeiter, die völlig getrennt voneinander an den Vorbereitungsmaschinen in den Spinnereien usw. beschäftigt waren, zu Gruppenakkord zusammengefaßt. Zwar bleibt die Arbeitsteilung wie bisher bestehen; es tritt also keineswegs eine gemeinschaftliche Arbeit ein. Dennoch wird jeder der einzelnen Arbeiter am Gesamtakkord beteiligt, um einen Zusammenhang herzustellen und um jeden Arbeiter zu veranlassen, daß er seine Arbeit möglichst so einrichte, wie es für das Gesamtergebnis am förderlichsten ist. Vorbedingung jedes Gruppenakkordes ist, daß die Tätigkeit mehrerer Arbeiter auf das gleiche Arbeitsergebnis gerichtet ist.[2] Als Beispiel möge der Gruppenakkord in der Vorspinnerei einer großen Kammgarnspinnerei dienen. Das wöchentliche Produkt eines Sortiments, das von durchschnittlich 11 Arbeiterinnen bedient wird, sei 3000 kg. Für jedes Kilogramm bekommt die Arbeiterin 0,4 Pf., mithin hätte sie in dieser Woche 12,00 M. verdient. Man erkennt, daß jeder Arbeiter bei diesem System sich so einrichten muß, wie es für das Gesamtergebnis am förderlichsten ist, denn dadurch bekommt er auch mehr an Lohn. Werden z. B. 4000 kg wöchentlich fertig, so würde er 16,00 M. erhalten.

Wie verschieden die Lohnsysteme in gleichen Abteilungen der Spinnerei in den verschiedenen Spinnereien sind, mögen folgende Beispiele veranschaulichen. Von irgendwelchen einheitlichen Lohn-

---

[1] Statistisches Jahrbuch für das Königreich Sachsen 1911, S. 151ff.
[2] L. Bernhard, a. a. O., S. 197ff.

tarifen ist nirgends die Rede. Die Bezahlung bleibt der Willkür der einzelnen Fabriken überlassen.

In der Selfaktorabteilung einer großen Kammgarnspinnerei erhalten die fertigen — meist vier — weiblichen Andreher 50 % des Spinnerlohns (Akkordlohn). Der Spinnerlohn wird nach Kilogramm berechnet. Jede Nummer hat einen anderen Lohnsatz; außerdem wird die Spindelzahl berücksichtigt, damit möglichst jeder Spinner auf denselben Lohn kommt. Nach Tabellen wird dann der Spinnerlohn berechnet, nach dem sich der Lohn der Andreher richtet. (Auch die männlichen Andreher erhalten so lange 50 %, bis sie zu Halbspinnern aufrücken; dann erhalten sie 75 % des Spinnerlohns. Das Aufrücken regelt sich je nach Bedarf und Geschicklichkeit. Das Andrehen ist für die männlichen Arbeiter also nur Lernzeit, ein Übergang zum Spinner; für die weiblichen Arbeiter ist es der Beruf.) Die Lernenden, die meist 14—20 Jahre alt sind, bekommen ungefähr drei Wochen lang einen Stundenlohn von 17 Pf., dann 38—45 % des Spinnerlohns, bis sie später bei großer Fertigkeit auf 50 % aufrücken. In dieser Abteilung besteht demnach Gruppenakkord. Die Aufsicht über die Gruppe führt der Spinner, der 4—5 Arbeiterinnen unter sich hat. Der Unternehmer läßt die Akkordverteilung nach bestimmten Grundsätzen, wie oben erwähnt, von einem Buchhalter vornehmen. In der Ringspinnerei obiger Fabrik herrscht reiner Akkordlohn. Jede Arbeiterin ist an ihrer Maschine selbständig und für sich allein verantwortlich. Auch hier wird der Akkordlohn nach Gewicht und Nummer berechnet. Ebenso verhält es sich bezüglich der Löhnungsmethode in der Dubliererei, Zwirnerei und Weiferei. In der Sortierung besteht das Stundenlohnsystem. Die Arbeiten sind reine Hilfsleistungen. Der Lohn beträgt etwa 23 Pf. pro Stunde. In der Krempelei und Kämmerei ist Gruppenakkord eingeführt, der sich auf 23—24 Pf. pro Stunde für den einzelnen Arbeiter stellt. In der Vorspinnerei besteht ebenfalls Gruppenakkord; auch hier ist Gewicht und Nummer ausschlaggebend. Etwa 24 Pf. kommen pro Stunde auf den einzelnen Arbeiter. Die hier erwähnte Spinnerei liegt in einer sächsischen Großstadt.

Anders liegen die Verhältnisse bezüglich des Lohnsystems in einer anderen großen Kammgarnspinnerei. Die Andreher werden hier nach einer Kombination von Stunden- und Akkordlohn bezahlt. Der Akkordlohn beträgt ungefähr $^1/_4$ bis $^1/_3$ des Gesamtlohnes. Außerdem spielt das Alter bei der Entlohnung eine Rolle. Es bekommen einen Stundenlohn von

14	Pf.	pro Stunde	Andreher	bis zu	15 Jahren	
$15\frac{1}{2}$	„	„	„	von 15—16	„	(Nicht Fortgeschrittene nur $13\frac{1}{2}$ Pf.)
$16\frac{1}{2}$	„	„	„	„ 16—17	„	(Nicht Fortgeschrittene nur $15\frac{1}{2}$ Pf.)
$17\frac{1}{2}$	„	„	„	„ 17—18	„	
18	„	„	„	„ 18—19	„	
19	„	„	„	„ 19—20	u. mehr Jahren.	

Dazu kommt für alle Andreher ein 13 %iger Akkordlohnzuschlag vom Spinnerlohn. Bei neuen Selfaktors mit großer Spindelzahl erhöht sich dieser Zuschlag auf 14 %. In dieser Abteilung ist der 14tägige Lohn, berechnet nach dem Lohnbuch von 1913, 28,20 M. pro Person; ausschließlich der Jugendlichen 29,18 M. Als Abschlag wird eine Kontozahlung von 6 M. pro Woche gewährt, da die Löhnung 14tägig erfolgt. Auch in der Vorbereitung dieser Spinnerei besteht Kombination von Stunden- und Akkordlohn. Letzterer beträgt etwa 50 %. Die Arbeiter sind in dieser Abteilung selbständiger. Nur eine Vorarbeiterin hält die Leute an und unterstützt sie. Lohnunterschiede nach Altersklassen bestehen hier nicht. Eine Arbeiterin kommt 14tägig auf 25,94 M. Die Vorarbeiterinnen bekommen pro Stunde 3 Pf. Vergütung; ihr Verdienst ist in 14 Tagen etwa 30 M. In der Ringspinnerei erhalten ungeübte Arbeiterinnen Stundenlohn; dann 50 % Akkordlohn; später reinen Akkordlohn, wenn sie eine Seite mit 200 oder 400 Spindeln bedienen können. Ein durchschnittlicher Verdienst von 30 M. in 14 Tagen herrscht vor; jedoch beträgt der Höchstverdienst 36 M. Die Spulerei ist eine bevorzugte Lohnklasse. Es besteht reiner Akkordlohn. Die Frauen sind hier ganz selbständig. Der Verdienst beläuft sich auf etwa 31 M. in 14 Tagen. Auch die Zwirnerei hat reinen Akkordlohn. Die Frauen stehen sich 14tägig auf etwa 26—30 M. Ganz ähnlich liegen die Lohnverhältnisse in der Weiferei. In der Packerei verdienen die Frauen 14tägig 28—30 M. Eine Nebenarbeit (Heimarbeit) für alte und invalide Leute, die früher meist in der Fabrik beschäftigt waren, ist die Tätigkeit der Wickelleserinnen, die in manchen Betrieben auch innerhalb der Fabrik beschäftigt werden. Pro Kilogramm werden hier 15 Pf. gezahlt; es liegt also reiner Akkordlohn vor. 14tägig steigt der Verdienst nicht höher als 5,75 M. pro Person. Auch die Arbeit der Hülsensortiererinnen war früher Heimarbeit in dieser Fabrik. Es ist eine Nebenarbeit, die sich je nach der Anzahl der Hülsen regelt. Es besteht reiner Akkordlohn, der sehr gering ist. Obwohl diese Spinnerei auf dem platten Lande, aber in der Nähe einer Großstadt liegt, sind doch oder vielleicht gerade deshalb die Durchschnittslöhne verhältnismäßig hoch; wir können 14—15 M. wöchentlich annehmen. Die Fabrik hat sich dadurch einen großen Arbeiterstand gesichert. Von ungefähr 420 Arbeitern, darunter über zwei Drittel weibliche Personen, treten jährlich nur ungefähr 30 meist jüngere Leute aus. Wir haben oben gesehen, wie erschreckend hoch der Wechsel in den Industriezentren ist. Neben besonderen Verhältnissen in dieser Spinnerei, die hier unerörtert bleiben sollen, kommen noch verschiedene sozialpolitische Einrichtungen hinzu. So bekommen die jung Verheirateten, sofern sie kirchlich getraut werden, ein Geschenk, in Möbeln bestehend. Die Kinder der Verheirateten können im Kinderheim untergebracht werden, wofür sie einschließlich Frühstück, Mittag und Vesper nur 15 Pf. täglich zu zahlen haben. Neben der Fabrikkrankenkasse besteht noch eine „Familienhilfe" für Krankheitsfälle; versicherungspflichtige Männer und Frauen, letztere besonders bei ihrer Niederkunft, erhalten 55 Pf. täglich, außerdem werden 50 % des Lohnes vergütet.

Die Fabrik besitzt schon seit langer Zeit eigene 1—2stöckige Arbeiterhäuser. Die Mieten belaufen sich auf 56—140 M. jährlich, wofür im Höchstfall Wohnstube, Küche, Schlafstube, Kammer zur Verfügung stehen. Die Mieten sind also billig zu nennen. Wir haben schon oben unseren Standpunkt über die private Sozialpolitik gekennzeichnet. Auf dem Lande, wo zum Teil noch patriarchalische Zustände herrschen, mag die private Wohltätigkeit mehr gerechtfertigt sein als in den Städten, ja zum Teil nötig sein (Kinderheim). Stets aber wird ein gewisses Gefühl der Unfreiheit dabei nicht zu unterdrücken sein. Was über den Rahmen einer unbedingt nötigen privaten Fürsorge hinausgeht, hat oft nachteilige Folgen und müßte vermieden werden.

In einer Baumwollspinnerei in unmittelbarer Nähe derselben Großstadt liegen ähnliche, eher etwas niedrigere Löhne vor. Auch hier besteht Zeit- und Akkordlöhnung. Der Zeitlohn beträgt 22 bis 28 Pf. pro Stunde. Der durchschnittliche Wochenverdienst bei normaler Arbeitszeit und normalem Geschäftsgang beträgt 14 M. Der Mindestlohnsatz ist 22 Pf. pro Stunde.

Diese sogenannten „indirekten Tarife“ finden wir vielfach wieder. In einer Flachsspinnerei z. B. beträgt der Mindestlohnsatz für jugendliche Anfänger 14 Pf., für ältere 16 Pf. In dieser Flachsspinnerei beträgt der durchschnittliche Wochenlohn bei normalem Geschäftsgang und 58stündiger Arbeitszeit in der Vorspinnerei und Karderie 11 M., in der Feinspinnerei 14 M., in der Haspelei 13 M. Ein durchschnittlicher Wochenlohn von 12,70 M. ist für die ziemlich schmutzige, wenn auch leichte Arbeit in der Flachsspinnerei kein genügendes Entgelt.

Viele Fabriken haben besondere Prämien eingeführt für das Auffinden von Fehlern, für fleißige Arbeit im allgemeinen usw.

So haben wir ein ziemlich getreues Bild von den Lohnverhältnissen in der sächsischen Spinnereiindustrie erhalten. Wir finden durch die einzelnen Angaben bestätigt, daß die Löhne der weiblichen Arbeiter hinter dem Minimum eines Familieneinkommens zurückbleiben, ja, daß es selbst für eine einzelne Person schwierig ist damit auszukommen, in Anbetracht der teuren Wohnungsmieten in den größeren Städten und der teuren Lebenshaltung. Der Einwand, die meisten Arbeiterinnen brauchten das Geld nur zur Unterstützung der Eltern oder ihrer Familie, ist ein großer Irrtum. Nicht danach darf sich die Lohnzahlung richten, sondern nur nach dem Werte der Leistung und dem Existenzbedarf. Daß die weibliche Arbeit gegenüber der männlichen in der Spinnerei ungleich gewertet wird, ist gerecht; daß sie aber in viel höherem Maße geringer veranschlagt wird als die Leistung des Mannes, ist ungerechtfertigt und nachteilig nicht nur für die Arbeiterinnen, sondern auch für die Fabriken selbst. Denn gerade da jetzt noch die Fabrikarbeit verheirateter Arbeiterinnen eine sehr große Rolle spielt und die Mädchen bei ihrer Verheiratung die Spinnerei nur zum Teil verlassen oder doch bald wiederkommen, wird der Einwand hinfällig, daß die Arbeiterinnen die Fabrikarbeit nur als Aushilfe und als Übergangszeit bis zur Verheiratung betrachten und nur etwa 4—6 Jahre in der Fabrik bleiben. Ein gesunder und kräftiger Arbeiterinnenstand kann nur durch angemessenen Lohn erzogen werden. Um so leichter wird dann ein eventuelles Verbot der Fabrikarbeit verheirateter Arbeiterinnen zu ertragen sein, weil genügend Ersatz vorhanden sein wird.

Schlußwort.

Dies ist das Schlußergebnis unserer Untersuchungen: die Spinnereiarbeiterinnen Sachsens stellen eine Macht dar, wie sie in keinem anderen Berufe, verglichen mit den XXIII Berufsgruppen der Berufs- und Betriebszählung vom Jahre 1907, relativ von Personen weiblichen Geschlechts erreicht wird. Trotzdem haben sie nie verstanden, sich durch festen Zusammenschluß günstigere Arbeitsbedingungen, wie sie zum Teil in anderen Frauenberufen herrschen, zu sichern; sie wären durch ihre hohe Verhältniszahl gegenüber der Männerarbeit dazu berufen gewesen. So arbeiten sie jetzt noch unter Bedingungen, namentlich unter Lohnverhältnissen, wie sie ihrer Arbeit und der Ausübung dieser Arbeit durch so viele Frauen nicht entsprechen. Eine höhere Wertung der Frauenarbeit in der Spinnereiindustrie Sachsens von wirtschaftlichen, ethischen und sozialen Gesichtspunkten aus tut not.

Literaturverzeichnis.

Oppel, Die deutsche Textilindustrie. Leipzig 1912.

Lily Braun, Die Frauenfrage. Leipzig 1901.

v. Schulze-Gävernitz, Der Großbetrieb ein wirtschaftlicher und sozialer Fortschritt. Leipzig 1892.

Bodemer, Die industrielle Revolution mit besonderer Berücksichtigung auf die erzgebirgischen Erwerbsverhältnisse. Dresden 1856.

König, Die sächsische Baumwollenindustrie am Ende des vorigen Jahrhunderts und während der Kontinentalsperre. Leipzig 1899.

Rose Otto, Über Fabrikarbeit verheirateter Frauen. Stuttgart und Berlin 1910. (Münchner volkswirtschaftliche Studien, 104. Stück.)

Ure, The Philosophy of Manufactures. London 1835.

Wieck, Industrielle Zustände Sachsens. Chemnitz 1840.

Bein, Die Industrie des sächsischen Voigtlandes. Leipzig 1884. 2. Teil: Die Textilindustrie.

Gebauer, Die Volkswirtschaft im Königreich Sachsen. Dresden 1893. 2. und 3. Band.

Bökelmann, Aufkommen der Großindustrie im sächsischen Wollgewerbe. Heidelberg 1906.

Gürtler, Textilindustrie I. Berlin und Leipzig 1912. Sammlung Göschen.

Käte Winkelmann, Gesundheitliche Schädigungen der Frau bei der industriellen Arbeit. Jena 1914. (Sammlung nationalökonomischer und statistischer Abhandlungen des staatswissenschaftlichen Seminars zu Halle a. d. S. 71. Band.)

Ernst Bernhard, Höhere Arbeitsintensität bei kürzerer Arbeitszeit. Staats- und sozialwissenschaftliche Forschungen, Heft 138.

L. Bernhard, Die Akkordarbeit in Deutschland. Leipzig 1903.

Minna Wettstein-Adelt, $3^1/_2$ Monate Fabrikarbeiterin. Berlin 1893.

Stieda, Der paritätische Arbeitsnachweis in Leipzig. Leipzig 1903.

—, Die gemeinnützige Arbeitsnachweisbewegung. Nossen 1911.

—, Ausländische Arbeiter in Deutschland. Zeitschrift für Agrarpolitik 1911, Nr. 9.

Gertrud Dyhrenfurth, Die Organisation der Arbeiterinnen. Soziale Praxis 1907, Nr. 20 u. 21.

Martin, Die Ausschließung verheirateter Frauen aus der Fabrik. Zeitschrift für die gesamte Staatswissenschaft. Tübingen 1896.

Wilbrandt, Die Frauenarbeit. Leipzig 1906. Sammlung Aus Natur und Geisteswelt.

Van den Boom, Die Beschäftigung verheirateter Frauen in den Fabriken und die Möglichkeit ihrer Beschränkung. Arbeiterwohl, 21. Jahrgang, 6.—8. Heft.

Pohle, Frauen-Fabrikarbeit und Frauenfrage. Leipzig 1900.

Herkner, Arbeiterfrage, 5. Auflage.

Gerlach, Die Bedeutung des Arbeiterinnenschutzes. Jena 1913.

Göhre, 3 Monate Fabrikarbeiter. Leipzig 1891.

Alice Salomon, Die Ursachen der ungleichen Entlohnung von Männer- und Frauenarbeit. Staats- und sozialwissenschaftliche Forschungen, Heft 122.

Zimmermann, Die Fortentwicklung der Lohnsysteme. Soziale Praxis 1905, Nr. 41.

Adam Smith, Eine Untersuchung über Natur und Wesen des Volkswohlstandes. Band I.

Akten der Landes-Ökonomie-, Manufaktur- und Kommerzien-Deputation im Hauptstaatsarchiv zu Dresden.
Vollständiges Staats-, Post- und Zeitungslexikon von Sachsen, 4. Band. Zwickau 1817.
Mitteilungen des Statistischen Vereins für das Königreich Sachsen.
Statistische Mitteilungen aus dem Königreich Sachsen.
Zeitschrift des Statistischen Bureaus des Kgl. Sächsischen Ministeriums des Innern.
Zeitschrift des Kgl. Sächsischen Statistischen Bureaus.
Zeitschrift des Kgl. Sächsischen Statistischen Landesamtes.
„Sächsische Textilindustrie und ihre Bedeutung." Bericht anläßlich der Columbischen Weltausstellung in Chicago, 1893.
Statistisches Jahrbuch für das Königreich Sachsen, verschiedene Jahrgänge.
Statistisches Jahrbuch für das Deutsche Reich, verschiedene Jahrgänge.
Reichsarbeitsblatt, verschiedene Jahrgänge.
Zahn, Die Frau im Erwerbsleben der Hauptkulturstaaten. Ein Beitrag zur Statistik des Frauenerwerbs. (Institut International de Statistique. XIV. Session, Sept. 1913. Rapports No. 8.)
XIX. Jahresbericht der Arbeitsnachweisstelle des Verbandes der Textilindustriellen von Chemnitz und Umgebung.
Statut des Deutschen Textilarbeiterverbandes.
Berichte des Gewerkschaftskartells für Crimmitschau und Umgegend.
Handwörterbuch der sozialen Hygiene. Leipzig 1912.
Krankheits- und Sterblichkeitsverhältnisse in der Ortskrankenkasse für Leipzig und Umgegend. Bearbeitet im Kaiserl. Statistischen Amt. 4 Bände. 1910.
Krankenbücher der Betriebskrankenkassen verschiedener Spinnereien.
Krankenbuch der Ortskrankenkasse Crimmitschau, 1913.
Der Textilarbeiter 1914, Nr. 17.
Statistisches Amt der Stadt Chemnitz. Lohnstatistik für das Jahr 1910.
Amtliche Nachrichten des Reichs-Versicherungsamtes, verschiedene Jahrgänge.
Geschäftsbericht auf das Jahr 1912 und Gefahrentarif, gültig seit 1. Januar 1910, der Sächsischen Textil-Berufsgenossenschaft.
Jahresberichte der Kgl. Sächsischen Gewerbe-Aufsichtsbeamten, verschiedene Jahrgänge.

Übersicht über die im Hauptstaatsarchiv Dresden benutzten Akten der Landes-Ökonomie-, Manufaktur- und Kommerzien-Deputation.

Loc. 11126: Die bei der Baumwollwaren-Manufaktur zu Chemnitz und Plauen vorteilhafter einzurichtenden Krempel-, Spinn- und Webermaschinen betr. 1790—1791.
Loc. 11128: Verschiedene wegen ihrer bei Fabriken zu gebrauchenden Maschinen-Arbeit sich gemeldete Personen betr. 1789—1791.
Loc. 11155: Die Krempel- und Spinnmaschinen nach englischer Art betr., ingleichen Herbeiziehung geschickter Arbeiter und vorzüglicher Maschinereien usw. betr. 1812—1828.
Loc. 11157: Die Maschinen-Spinnerei im Vogtländischen Kreis betr. Vol. II. 1814—1822.
Loc. 11157*: Die Maschinen-Spinnerei auf Flachs in hiesigen Landen betr. 1814—1826.
Loc. 11171: Die Baumwollspinnerei auf Maschinen betr. 1814—1829.
Loc. 11171*: Ohngefähre Übersicht des Zustandes der Fabriken und Grossohandlungen Sachsens im Jahre 1825 enthaltend. 1817—1828.
Loc. 11185: Statistische Nachrichten über den Umfang und die sonstigen Verhältnisse der gangbarsten Manufakturen usw. betr. 1827—1829.
Loc. 11154: Die Spinnmaschinen auf Schafwolle betr. 1808—1824.
Loc. 11098: Den Aufkauf der Garne auf den Dörfern betr. 1763—1766.

Amtsgericht Döbeln Nr. 6: Akta des Mühlenbesitzers J. G. Möbius zu Technitz Gesuch um Konzession zur Anlegung einer Schafwollspinnmaschine betr. 1825.

Metzger & Wittig, Leipzig.

www.ingramcontent.com/pod-product-compliance
Lightning Source LLC
LaVergne TN
LVHW091729021026
849161LV00003BB/497